Tathyana Gouvêa

Inovação educacional

Teoria e prática

editoracontexto

Foto de capa
Freepik

Montagem de capa
Gustavo S. Vilas Boas

Diagramação
Cumbuca Studio

Coordenação de textos
Luciana Pinsky

Preparação de textos
Lilian Aquino

Revisão
Daniela Marini Iwamoto

Dados Internacionais de Catalogação na Publicação (CIP)

Gouvêa, Tathyana
Inovação educacional: teoria e prática / Tathyana Gouvêa. - São Paulo: Contexto, 2025.
160 p. (Educação na Universidade)

Bibliografia.
ISBN 978-65-5541-577-3

1. Educação - Inovações I. Título II. Série

25-4159 CDD 370.1

Angélica Ilacqua - Bibliotecária CRB-8/7057

Índices para catálogo sistemático:
1. Educação

2025

EDITORA CONTEXTO
Diretor editorial: *Jaime Pinsky*

Rua Dr. José Elias, 520 – Alto da Lapa
05083-030 – São Paulo – SP
PABX: (11) 3832 5838
contato@editoracontexto.com.br
www.editoracontexto.com.br

Inovação educacional

TEORIA E PRÁTICA

EDUCAÇÃO NA UNIVERSIDADE

AVALIAÇÃO EDUCACIONAL *Sandra Zákia Sousa* e *Valéria Virgínia Lopes*

CURRÍCULOS *Marlucy Alves Paraíso*

EDUCAÇÃO DE JOVENS E ADUTOS *Roberto Catelli Jr.*

EDUCAÇÃO ESPECIAL *Jáima Pinheiro de Oliveira*

EDUCAÇÃO INFANTIL *Lívia Fraga Vieira* e *Mônica Correia Baptista*

FILOSOFIA DA EDUCAÇÃO *Ronai Rocha*

GESTÃO DA EDUCAÇÃO *Iracema Santos do Nascimento*

INOVAÇÃO EDUCACIONAL *Tathyana Gouvêa*

POLÍTICAS EDUCACIONAIS *Carlos Roberto Cury* e *Zara Figueiredo Tripodi*

PSICOLOGIA EDUCACIONAL *Maria de Fátima C. Gomes* e *Marcelo Ricardo Pereira*

Consulte nosso catálogo completo e últimos lançamentos em **www.editoracontexto.com.br**.

Sumário

Apresentação

Como criar espaços significativos de aprendizagem para crianças e jovens na Era da IA? Como ser um bom professor nesse novo contexto? Qual o papel da educação no cenário atual?

Desde a década de 1960 se reflete sobre inovação educacional e, na virada do século, as discussões sobre a escola se intensificaram. Com o desenvolvimento da IA generativa, as mudanças aceleraram tanto que as discussões sobre o futuro se tornaram as reflexões sobre o agora.

A escola, que foi um grande impulsionador das sociedades contemporâneas, sendo a base para o mundo letrado e científico em que vivemos, se encontra desafiada a assumir outros papéis para além da transmissão de conhecimento. Em um contexto de máquinas que aprendem, em que o conhecimento está amplamente acessível, mas também sendo tensionado por meio de *deepfakes*, conteúdos sintéticos e novas formas de criação, validação e autoria; em um mundo digital com novas relações, identidades, corporeidades, formas de trabalho e de entretenimento; diante de uma crise ambiental e crescente desigualdade social, precisamos pensar em novas formas de nos relacionarmos com o planeta, uns com os outros e com nós mesmos. Por isso, ganham valor a metacognição e o pensamento crítico, a educação ambiental e socioemocional, o desenvolvimento de competências que nos potencializam e humanizam.

Para que a escola responda a este novo tempo, ela precisa repensar sua própria estrutura e finalidade. Compreender os processos de inovação educacional que aconteceram no passado e no presente, aprendendo com a experiência de diversos projetos que já passaram por transformações em seus tempos e espaços, relações pedagógicas e objetivos educacionais, é uma forma de nos prepararmos e nos inspirarmos para as transformações que estão se apresentando.

A inovação educacional é um processo intencional de mudança e que envolve, portanto, ganhos e perdas, novos acordos e formas de agir. Pode ser desenvolvida por uma pessoa, um grupo ou uma sociedade, estabelecendo uma nova prática social em contextos ou relações educacionais. Essa definição nos permite adentrar nesse território de forma mais responsável, entendendo também as disputas e complexidades da educação.

Há múltiplas formas de inovar, mudando propósito, métodos, estruturas. Os vários exemplos apresentados ao longo do livro revelam que, da educação infantil ao ensino superior, escolas públicas ou particulares, urbanas ou rurais, pela tecnologia ou integração com a natureza, de norte a sul do país, a inovação é possível. E como familiares, professores, estudantes, gestores públicos ou ativistas, podemos ser agentes dessa transformação.

Os primeiros capítulos deste livro apresentam conceitos importantes que ajudam a entender as atuais concepções de educação, de escola, de tecnologia, e também o que pode ou não ser considerado inovação.

Os últimos capítulos mostram como a inovação acontece nos diversos contextos da educação: da sala de aula às escolas e políticas públicas, passando pelas demais instituições do ecossistema.

Este livro traz, de forma objetiva e acessível, uma base teórica fundamental para quem estuda e trabalha com educação e também um convite para sermos agentes de transformação em busca de uma educação significativa para todas as crianças e jovens do país. Se você está se formando para ser um educador, esta obra foi escrita especialmente para você, para que desde já possa trilhar um caminho profissional autêntico, crítico e criativo.

Os três compromissos da educação: passado, presente e futuro

Ao longo deste capítulo, buscaremos compreender:

- Quais são os três compromissos da educação.
- A educação como a ponte entre o passado e o futuro.
- A educação como disputa de narrativas.
- Como podemos ativamente participar desses três compromissos.

Minhas histórias de escola

Eu tinha 11 anos, estava no que se chamava 5ª série. Eu até me esforçava para ir à escola, mas estava tão triste com a morte do meu avô que às vezes me distraía da aula. O menino que se sentava atrás de mim me incomodava muito, chegou um dia a cortar meu cabelo. Minha mãe pedia para a escola fazer alguma coisa, mas o máximo que conseguiram foi colocá-lo em outro lugar durante as aulas, o que na prática significou que ele passou a fazer *bullying* no intervalo. Um dia minha mãe foi chamada na escola para ouvir que eu reprovaria de ano, tinha tirado 3 em Ciências Sociais, não sabia nenhum dos afluentes do rio Amazonas e cometia erros graves de Português; só passaria em Matemática. A escola culpou meus pais por não estarem acompanhando minhas notas e exigindo que eu estudasse em casa. Além de trabalharem o dia todo e terem passado meses indo ao hospital, precisariam ainda me ensinar o que a escola não conseguiu. Os meses seguintes foram bem difíceis, até altas horas tentando decorar o nome dos rios, fazendo exercícios a tarde toda para que à noite minha mãe revisasse minhas tarefas. O esforço valeu a pena, consegui ser aprovada nas provas finais e meus pais me transferiram para outra escola. Como eu tinha adquirido o hábito de estudar todos os dias, mesmo quando não tinha lição de casa, com medo de ter que passar por tudo aquilo novamente, comecei a tirar notas muito boas na nova escola. Quando me dei conta, estava adorando aprender sobre feudalismo e fazendo minha própria HQ. Passei a gostar de ir para a escola e perdi até o medo de perguntar durante as aulas. Um dia minha professora de português me viu lendo no intervalo e achou curioso uma menina de 12 anos estar lendo um livro que se passava em 1020 no Oriente e tratava dos primórdios da medicina em meio a peste e milhares de mortes. Perguntada pela professora, eu disse que tinha sido o último livro que meu avô havia lido em sua vida e tinha adorado, eu também estava adorando, apesar de chorar muitas vezes enquanto lia. Dois anos depois, essa mesma professora fez a proposta de escrevermos contos, e eu escrevi sobre a morte de um grande urso branco que deixava um ursinho pequeno na neve. Ela gostou tanto do meu texto que o selecionou para a mostra da escola. Eu nunca imaginaria que eu pudesse escrever um texto selecionado, pois ainda carregava em mim a visão de que eu não sabia português. Nesse dia, passei a ver que, mesmo fazendo alguns erros, eu poderia escrever algo que fosse significativo também para outras pessoas.

Como educadora, agora vejo essa história com novas camadas. Quais são as suas hipóteses sobre o que estava acontecendo para eu não aprender sobre os afluentes do rio Amazonas? O que me fez começar a gostar da nova escola? Quais características podemos destacar da professora de Português? Quais conteúdos conceituais, procedimentais e atitudinais você identifica que eu aprendi ou não aprendi por esse trecho?

PASSADO

Uma das principais características que definem o ser humano é o fato de ele ser um ente cultural. Mas o que isso quer dizer? Quer dizer que, para além dos nossos instintos naturais, nós aprendemos uns com os outros, e nossos aprendizados mudam de local para local e de época para época.

Quando pensamos em um animal, por exemplo, um pássaro, grande parte do que ele faz é baseado nos seus instintos. Isso quer dizer que, se pegarmos um ovo de um beija-flor, separá-lo da sua família e colocá-lo em um lugar onde ele nunca encontre outros beija-flores, quando esse ovo se partir e esse passarinho começar a desenvolver, os mesmos comportamentos, hábitos alimentares e sons produzidos virão com ele. É parte da natureza do beija-flor. Ele não vai se portar como outro tipo de animal ou pássaro, mesmo que conviva com os diferentes. Isso mostra que ele age principalmente baseado em instintos.

Por outro lado, os seres humanos, por serem culturais, apresentam uma dinâmica diferente. Se um bebê de origem inglesa, por exemplo, for colocado desde o nascimento em contato com uma família brasileira e nunca ter contato com sua família biológica, essa criança se desenvolverá com os hábitos e a linguagem dessa família onde cresceu.

O lugar em que estamos inseridos e o momento histórico em que vivemos orientam como comemos, como nos relacionamos, como elaboramos nossos pensamentos, nossos valores, nossa linguagem e muitos aspectos da nossa identidade. Define o que gostamos ou não gostamos, como nos vestimos, quais são os nossos sonhos. Então, nós somos, por essência, seres culturais.

A partir dessa reflexão, podemos entender que os vários grupos sociais, ao longo da história da humanidade, desenvolveram determinadas características. Eles descobriram quais são os bons alimentos da região, criaram formas de cozinhar, de elaborar esses alimentos, desenvolveram rituais e uma linguagem que comunicava aquele grupo. Como essas características não são inatas ao ser humano, precisavam ser transmitidas sempre que um novo integrante passasse a fazer parte do agrupamento social. Esse processo de introdução da cultura de um grupo para alguém que está chegando pode ser chamado de educação.

A educação acontece de forma espontânea, pelo simples pertencimento a um grupo com determinadas características, e de forma muito fluida, porque é parte da vivência nessa cultura. Porém, à medida que as sociedades se tornaram mais complexas, com linguagens, conhecimentos e formas de agir muito específicas, houve a necessidade de criar uma instituição que estruturasse esse processo de transmissão. Assim surgiu a escola, responsável por selecionar uma parte desse vasto arcabouço cultural e garantir que as crianças sejam introduzidas nesse universo.

Podemos falar dessa herança cultural em dois níveis: desde o pequeno grupo social a que pertencemos, com suas festas, rituais, comidas e roupas típicas, até a humanidade como um todo, com tudo o que foi sistematizado, criado, desenvolvido e compartilhado ao longo da história. Hoje podemos dizer, por exemplo, que o nosso tipo de moradia, vestimenta, os conhecimentos científicos, as vacinas, os computadores e os celulares são tecnologias universalizadas que representam avanços da humanidade, ainda que distribuídos de forma bastante desigual entre as pessoas e nações.

É importante ressaltar que essa herança cultural não se limita aos conhecimentos tidos como acadêmicos ou mais sofisticados. Ela inclui aspectos culturais cotidianos, como a música, as brincadeiras, o preparo de um bolo de fubá. Esses elementos também fazem parte de quem somos e, portanto, precisam ser transmitidos às futuras gerações.

Se não fizermos isso, corremos o risco de perder definitivamente muitos desses elementos. Basta que uma única geração deixe de aprender algo, como a música de Beethoven, os números ou a língua portuguesa, para que esses conhecimentos desapareçam para sempre. Nesse caso, dependeríamos da sorte de que algum historiador ou pesquisador, no futuro, fosse capaz de decifrar e resgatar esses aspectos perdidos.

Por isso, o compromisso da educação com o passado é essencial. Preservar nossa herança cultural significa garantir que a língua portuguesa continue viva, que um poema de Fernando Pessoa ou um conto de Clarice Lispector ainda tenham significado para as pessoas, que a ciência e a arte sigam enriquecendo nossas vidas. É nossa responsabilidade mostrar esses significados para as novas gerações e, assim, manter viva a riqueza cultural que recebemos dos nossos antepassados.

Esse é o primeiro e fundamental compromisso da educação: o compromisso com o passado.

FUTURO

Apesar do nosso compromisso com o passado, quando falamos de educação, frequentemente estamos tratando do nosso compromisso com o futuro. Frases como "preparar as crianças", "quais serão as profissões do amanhã" ou "o que você quer ser quando crescer" refletem essa ideia de que educar é preparar as crianças para a vida adulta. Essa é uma responsabilidade imensa. Primeiro porque, devido à finitude humana, é justamente a sucessão de gerações que assegura a continuidade da nossa espécie. Assim, é fundamental preparar as futuras gerações para receberem e desenvolverem tudo o que já foi construído e pensado, e também tudo aquilo que desejamos para o futuro.

Vivemos em uma sociedade com inúmeros desafios, como a desigualdade social, a crise ambiental, o racismo e as disparidades de gênero. Nesse contexto, nosso sonho de futuro é uma sociedade que supere esses dilemas. A educação se torna uma aliada essencial, pois constrói as bases psíquicas, emocionais e cognitivas para que as pessoas do amanhã se tornem melhores do que somos hoje.

Quando olhamos para a escola, percebemos que toda ação educacional tem uma intencionalidade, que está vinculada aos objetivos pedagógicos. Espera-se que, ao interagir com determinados conhecimentos e atividades, a criança, o jovem ou o adulto transformem-se de alguma forma. Esse contato com novos conteúdos e experiências deverá promover uma mudança de pensamento e de compreensão do mundo, além da aquisição de habilidades que passam a constituir esses alunos por meio do processo educativo.

O grande desafio é que cabe a nós, os educadores atuais, decidir quais competências e habilidades precisam ser desenvolvidas agora para garantir uma vida feliz e uma sociedade melhor no futuro. Isso não é tarefa simples, pois exige uma reflexão profunda sobre o que desejamos para o amanhã, algo cada vez mais complexo em um mundo em constante mudança e aceleração.

Além de tentarmos prever o futuro para nossas crianças e jovens, podemos também criá-lo. Essa perspectiva é poderosa, pois permite que nos vejamos como protagonistas da construção da sociedade que almejamos, tanto no contexto brasileiro quanto no internacional. No entanto, esse futuro é construído conjuntamente, por milhares de pessoas. Nesse sentido, surge um conceito fundamental: a educação é sempre um ato político. Ao falarmos em "político", não nos referimos a partidos, ideologias de direita ou esquerda, ou a quem está no governo. Usamos "político" no sentido de uma construção coletiva, que envolve e impacta a todos.

Assim, a educação que promovemos hoje gerará resultados coletivos, e as discussões sobre ela deveriam ocorrer em um âmbito social que envolva as diversas vozes, pois as decisões tomadas terão impacto na vida de todos. Compreender a educação como um ato político nos dá a percepção de que é no presente que os conflitos emergem e as soluções são criadas; essas diferentes narrativas e perspectivas para a vida que definem objetivos diversos para a educação se encontram, se chocam, se combinam ou se sobrepõem, criando a realidade com suas distintas tonalidades, desafios e contradições.

Hoje, encontramos escolas tradicionais, que desejam preservar os valores de uma sociedade passada, e escolas progressistas, que buscam uma transformação radical. Algumas preparam alunos para um futuro mais tecnológico; outras resistem a essa ênfase e promovem uma formação voltada para uma sociedade mais humanista, pautada por direitos humanos e sociais. Há também aquelas que valorizam mais a cultura local, enquanto outras focam na cultura internacional.

Essas diferentes abordagens revelam que os objetivos pedagógicos variam porque nossa visão de futuro não é unânime. Não existe uma única verdade sobre o que está por vir, pois isso será o resultado do trabalho coletivo de educadores, políticos, cientistas, pais, mães e de todas as pessoas que, juntas, constroem a sociedade. Não é possível prever o amanhã com exatidão, mas podemos trabalhar para que determinada visão de futuro se concretize. Por isso, tantas instituições e grupos investem na educação, pois a veem como uma ferramenta poderosa para construir novos horizontes.

Esse é o compromisso que a educação assume com todas as gerações que virão: preparar aqueles que, hoje, ainda não podem decidir por si mesmos, que estão sendo introduzidos nessa vasta rede social e cultural. Nós, por eles, buscamos antecipar e minimizar possíveis dores, ansiedades e proporcionar formas de vida que assegurem a continuidade e o bem-estar da humanidade.

PRESENTE

Entre o passado e o futuro encontra-se o presente, o compromisso menos reconhecido quando pensamos em educação. Ao falarmos sobre o compromisso educacional com o presente, estamos nos referindo ao fato de que o período de escolarização ocupa um tempo valioso de nossas vidas, cerca de 17 a 21 anos. Esse período, além de ser fundamental para o nosso desenvolvimento, é também o momento em que criamos amizades, conhecemos o mundo e construímos nossa identidade. Portanto, as interações que ocorrem nessa fase são extremamente significativas.

Para além do compromisso com o passado, que garante a preservação do conhecimento acumulado, e do compromisso com o futuro, que visa formar cidadãos aptos a construir uma sociedade melhor, entender a educação como um compromisso com o presente transforma nossa visão sobre o que acontece nas escolas.

Diariamente ouvimos casos, seja na mídia ou em relatos de colegas e crianças, sobre *bullying*, *cyberbullying*, conflitos interpessoais e horas de aulas pouco estimulantes. Muitas crianças passam um tempo precioso de suas vidas em ambientes sem significado, desmotivadas e sem entusiasmo, tanto do ponto de vista acadêmico quanto social. O compromisso com o presente é inegociável e exige que as escolas sejam ambientes seguros e saudáveis, onde a aprendizagem se desenvolva em um clima de respeito, ética e convivência harmoniosa.

Esse compromisso implica que as escolas se tornem espaços democráticos, nos quais o erro é acolhido como parte do aprendizado, e as formas de correção e convivência como oportunidades de crescimento para todos. Significa também que os processos pedagógicos sejam significativos para os estudantes. A maneira como propomos desenvolver certos conteúdos e habilidades deve não apenas atender aos objetivos pedagógicos, mas também envolver ativamente crianças e jovens no processo de aprendizagem, gerando uma atmosfera de curiosidade e interesse genuíno.

Este é um grande desafio para os professores e onde melhor compreendemos nosso papel. Em uma era em que a tecnologia e as plataformas de ensino ganham cada vez mais espaço, é essencial que o professor compreenda as formas de aprendizagem de seus alunos, valorizando seus interesses e repertórios individuais. O professor, ao se tornar uma referência afetiva e de confiança, legitima a transmissão de valores e conhecimentos e organiza a dinâmica do grupo. Ele não é o único detentor do saber, uma vez que este está disperso em recursos diversos – físicos e digitais, entre estudantes e a comunidade escolar (incluindo as famílias) –, mas é quem, como adulto de referência e com intencionalidade pedagógica, promove uma educação significativa para todos.

Este compromisso também envolve as famílias, que, muitas vezes, antecipam desejos de sucesso profissional para suas crianças, escolhendo escolas com base em indicadores de desempenho, como aprovações em vestibulares. Compreender que a educação tem um compromisso com o presente é respeitar cada criança como ela é hoje, acolhendo seus gostos, ritmos e personalidades. Esse respeito é essencial para que o processo educacional seja verdadeiramente significativo para elas.

Honrar o compromisso com o presente é garantir que a infância seja preservada, que as crianças não sejam vistas apenas como futuros adultos ou recipientes de conhecimento, mas que sua existência seja plena. Elas já são indivíduos com direitos e capacidade de fazer escolhas, ainda que sua comunicação possa ser limitada ou expressa de maneiras diferentes. Escutar as crianças e os jovens é um esforço necessário de educadores e famílias para garantir que esse compromisso seja respeitado, tornando as escolas ambientes saudáveis e felizes.

Assim, podemos enfrentar as atuais taxas de depressão, ansiedade e medicalização da infância e da adolescência, que são reflexo de um modelo educativo que, muitas vezes, falha em atender às necessidades presentes dos estudantes. O que vivemos hoje nas escolas, quando ignoramos o compromisso com o presente, compromete também o futuro e ameaça o legado do passado.

É o compromisso com o presente que sustenta os outros dois compromissos. Somente ao valorizarmos o hoje, garantindo ambientes de aprendizado acolhedores e significativos, é que asseguraremos que, no futuro, os conhecimentos acumulados possam contribuir para uma sociedade mais justa e plena, uma sociedade que começa a se concretizar no presente.

ENTRE O PASSADO, O PRESENTE E O FUTURO

A educação situa-se em uma interseção entre o passado, o presente e o futuro, assumindo esses três grandes compromissos simultaneamente. Contudo, onde a inovação se posiciona nesse contexto? Inovar é fundamental para que possamos atender a esses compromissos de maneira equilibrada e significativa.

No que diz respeito ao compromisso com o passado, inovar implica compreender e respeitar as novas formas de aprender e ensinar, sem negligenciar o patrimônio de conhecimentos e valores acumulados. Para garantir nosso compromisso com o futuro, a inovação precisa estar presente na formulação de objetivos pedagógicos que promovam competências e habilidades alinhadas aos desafios e oportunidades do mundo em transformação. Já no presente, a inovação pode ser vista desde as mudanças nos aspectos estruturais e materiais das escolas, incluindo seus edifícios, recursos pedagógicos e tecnológicos, até na adoção de uma visão contemporânea sobre o papel do professor e dos processos de aprendizagem.

Por exemplo, no contexto atual, práticas educativas antirracistas, inclusivas e democráticas são formas de inovação que refletem os avanços sociais e culturais do momento histórico em que vivemos. Essas atualizações tornam-se essenciais para que a educação cumpra seu papel de espelhar e impulsionar o progresso da sociedade.

A filósofa Hannah Arendt oferece uma perspectiva relevante sobre a tensão entre passado e futuro na educação. Segundo ela, é o caráter conservador da educação, isto é, seu compromisso com o passado, que a torna transformadora. Para Arendt, a educação deve proteger a criança do mundo e o mundo da criança, resguardando o novo do velho e o velho do novo. Essa visão destaca o papel da educação como mediadora entre gerações, garantindo que a herança cultural seja transmitida de forma crítica e significativa.

Quando falamos de educação, é importante considerá-la em seu sentido mais amplo. Ela ocorre em diversas instituições sociais, como museus, teatros, centros culturais, festas, encontros comunitários e, claro, nas famílias. A escola, entre todas essas instituições, distingue-se por seu processo intencional de transmissão cultural, planejado para promover o desenvolvimento dos indivíduos e da sociedade.

O filósofo e pedagogo suíço Pierre Furter contribui para essa discussão ao alertar sobre os dois perigos que ameaçam uma educação significativa: a ruptura radical com o passado e o otimismo ingênuo em relação à novidade. A ruptura com o passado nega os saberes acumulados, empobrece nossas bases de reflexão e tomada de decisão e leva à reinvenção constante de ideias já conhecidas, sem aprendizado crítico. Por outro lado, o otimismo ingênuo pode gerar uma euforia desmedida com as inovações, valorizando-as por si mesmas, sem considerar seus objetivos e impactos de maneira crítica e responsável.

Portanto, a inovação na educação não deve ser tratada como um fim em si mesma, mas como um meio para atender aos compromissos com o passado, o presente e o futuro. Trata-se de buscar um equilíbrio cuidadoso entre a preservação do que é essencial, a transformação do que é necessário e a criação de novas possibilidades. Esse equilíbrio é o que permitirá à educação continuar sendo um motor de desenvolvimento e uma ponte entre gerações, promovendo uma sociedade mais justa, crítica e humana.

RESUMO

Como exploramos ao longo deste capítulo, a educação é movida por três grandes compromissos interligados. Um com o passado, assumindo a responsabilidade de preservar nossa herança cultural. Isso inclui desde os hábitos mais simples que moldam o cotidiano até os conceitos mais complexos que ampliam nossa compreensão do mundo e sustentam o conhecimento de fronteira.

Um outro, e talvez o mais emblemático, o compromisso com o futuro. Este se expressa na construção de uma sociedade mais justa e igualitária, que depende da formação de cidadãos críticos, criativos e capacitados para lidar com os desafios e as demandas do mundo. Aqui, a necessidade de novos conhecimentos e competências pressiona a ação pedagógica no presente, atribuindo novos significados ao saber acumulado do passado.

E um terceiro compromisso, com o presente, assegurando que as crianças e jovens vivenciem momentos significativos e positivos na escola. Esse compromisso inclui a promoção de uma convivência respeitosa, segura e enriquecedora, garantindo que a experiência escolar seja relevante e transformadora para aqueles que a vivem.

Essa tensão entre passado, presente e futuro, que caracteriza o processo pedagógico, exige que nós, educadores, assumamos decisões conscientes e reflexivas. Isso nos desafia a equilibrar essas dimensões no dia a dia, seja na formulação de políticas públicas, na organização de currículos ou na prática pedagógica em sala de aula.

Diante dessa compreensão, convido você a refletir sobre as seguintes questões:

- Políticas públicas – Como podemos interpretar currículos e documentos como a Base Nacional Comum Curricular (BNCC) à luz dessa integração entre os três compromissos?
- No cotidiano escolar – O que priorizamos no dia a dia? Como envolvemos as famílias, os educadores e os estudantes nessas relações entre o passado, o presente e o futuro na prática pedagógica?
- Materiais pedagógicos – Ao analisarmos os materiais que utilizamos, sejam eles impressos ou digitais, identificamos e sugerimos elementos que valorizam e protegem nosso compromisso com o passado, presente e futuro?
- Currículo real/vivido – Como conciliamos as demandas do passado e do futuro na construção de um currículo significativo para os estudantes de hoje? Nossas escolas têm sido espaços de acolhimento e felicidade?
- Projeção de futuro – Em prol de qual sociedade estamos trabalhando? Quanto temos contribuído para que nossos estudantes sonhem e se apropriem de saberes e competências que promovam uma realidade melhor?

Essas reflexões nos ajudam a alinhar teoria e prática, promovendo uma educação mais crítica e significativa em todas as instâncias, seja com crianças, jovens ou adultos.

Frequentemente, associamos inovação a algo disruptivo que exige grandes recursos, autorizações externas ou a intervenção de terceiros. No entanto, inovar pode ser tão simples quanto observar nossas próprias práticas com um olhar renovado, atribuindo-lhes novos significados. Quando ganhamos autoria no processo pedagógico, percebemos que todos nós podemos ser agentes de transformação educacional.

Por isso, convido você, que já atua ou faz estágio de observação em sala de aula, a escolher uma das atividades desta semana e desenvolvê-la sob a perspectiva destas reflexões. Questione as práticas, conecte-as aos três compromissos da educação e compartilhe suas experiências.

Ao assumirmos esse papel, não apenas inovamos, mas também contribuímos para uma educação que honra o passado, valoriza o presente e constrói um futuro melhor para todos.

Uma grande invenção chamada escola: forma e variações

Ao longo deste capítulo, buscaremos compreender:

- Uma possível história da escola.
- As características estruturantes da escola: tempo, espaço, relações de poder e relações de saber.
- Variações inovadoras que a escola pode ter.

Minhas histórias de escola

Sou formada em Administração e Pedagogia e fiz meu mestrado sobre gestão escolar. Durante essa pesquisa, passei muitos dias acompanhando escolas tradicionais de referência, mas que tinham diversos desafios. Uma das coisas que me chamavam atenção era o fato de as práticas de gestão das escolas serem mais antigas e burocráticas que de outras instituições que eu tinha acompanhando quando estudava Administração. Várias organizações já faziam uma gestão muito mais horizontal, participativa e dinâmica, e me incomodava pensar que os princípios que regiam a administração das escolas fossem tão contrários aos fundamentos da educação, que estimula o desenvolvimento da autonomia, da criatividade, da cooperação, olhando para uma perspectiva integral de ser humano. Essa inquietação me levou para a pesquisa de doutorado, na qual eu queria conhecer alguma escola que tivesse uma gestão diferente, que não se organizasse de forma burocrática. Conforme a pesquisa foi acontecendo, eu fui descobrindo muitas instituições educacionais de que eu nunca tinha ouvido falar mesmo depois de ter feito uma faculdade inteira e um mestrado na área. Por isso, decidi mudar minha pesquisa e, ao invés de fazer uma tese com um estudo de caso, passei a mapear o movimento brasileiro de renovação educacional. Fui visitar dezenas de escolas, conversar com educadores de todas as partes do Brasil e de outros países. Uma coisa era comum a todos eles: o brilho nos olhos e o entusiasmo ao falarem de seus projetos. Claro que precisamos olhar com cautela e criticidade para cada um deles, mas pensar que a educação é feita em um ambiente que pulsa vida passou a ser um indicador para mim.
E você, conhece escolas e projetos pelos quais é apaixonado? O que você mais gosta nesses projetos? Se ainda não conhece nenhum, teria algum filme ou livro que retrate uma escola que você acredita fazer um trabalho significativo? Quais as características dela?

UMA BREVE HISTÓRIA DA ESCOLA

Por muitos séculos, a maneira de se fazer educação variou significativamente ao redor do mundo, de acordo com as características de cada contexto e cultura. Apenas com a Revolução Industrial, houve a expansão de uma estrutura similar para educar crianças ao redor do mundo. Isso ocorreu porque a Revolução Industrial tornou necessária a formação de determinadas competências vinculadas a essa nova forma de trabalhar.

Se antes tínhamos os artesãos e campesinos que detinham o conhecimento integral sobre suas áreas – como sapateiros, criadores de animais e cozinheiros –, com o advento das fábricas, o trabalho foi fragmentado. Nesse novo cenário, os trabalhadores não necessariamente compreendiam o que estavam produzindo, mas eram treinados para realizar atividades específicas que, em conjunto, compunham um produto industrializado. Esse processo não era concebido pelos trabalhadores, mas apenas executado por cada um em uma pequena parte.

Assim, surgiu o trabalhador industrial, uma pessoa que precisava compreender e acatar ordens, desenvolvendo disciplina tanto do corpo quanto da mente. Para essa nova estrutura social, que se expandiu rapidamente, era necessária uma outra formação ao longo da vida, oferecendo as bases das primeiras letras e dos primeiros números, e que, principalmente, garantisse comportamentos e posturas adequados para a segurança e a produtividade das fábricas. Simultaneamente a esse processo, temos a mudança da população do campo para as cidades, demandando outros serviços e constituindo um novo estilo de vida. A sociedade foi ficando mais complexa e as novas ciências, como a Administração e a Engenharia, foram ganhando força.

É justamente nesse momento que, além da expansão das indústrias e do modelo burocrático de administração fabril, caracterizado por uma estrutura hierárquica baseada em leis, normas e objetivos fragmentados, se difunde um sistema de ensino escolhido dentre tantos outros formatos possíveis. Esse modelo educacional convergia com as necessidades dessa nova sociedade que se consolidava no século XIX.

Inicialmente adotado na Europa, esse formato foi amplamente difundido, inclusive pelos processos de colonização, alcançando diversos continentes. Ele recuperava características do primeiro sistema educacional registrado: o modelo criado por La Salle. As escolas lassalistas, criadas no sul da França, foram baseadas em um manual elaborado pelo padre La Salle, que desejava ensinar não apenas a elite da época, mas também as crianças pobres do campo, que até então eram excluídas do processo educativo.

Com essa intenção, La Salle criou um sistema que poderia ser facilmente expandido e escalado. Ele permitia que os alunos fossem organizados em séries e níveis de acordo com seus conhecimentos, dentro de uma estrutura bastante rígida de controle e disciplina. Baseado em rituais, símbolos e procedimentos, esse modelo permitia que novos professores abrissem novas escolas a partir da leitura de um manual. Justamente por essas características esse foi o modelo escolhido pelos Estados para expansão das escolas em seus países. Assim, nasceu o que hoje compreendemos como a escola tradicional (escola do período moderno, a escola clássica, hegemônica): uma estrutura hierárquica, fragmentada e disciplinar.

Dessa forma, percebemos que a escola não é unicamente uma solução pedagógica para os desafios de aprendizagem, mas uma resposta a um momento histórico que, por razões administrativas e políticas, definiu esse modelo como a melhor solução para os desafios daquele período. Compreender a escola como uma organização que responde a demandas sociais, mas, especialmente, a questões práticas sobre como operacionalizar uma instituição com tantas crianças por tantos dias e anos, nos leva a perceber que todos os processos em seu interior são, ao mesmo tempo, soluções administrativas e pedagógicas.

É importante destacar essa dualidade na organização escolar. A escola precisa responder a questões legais, financeiras e operacionais, que pertencem a uma lógica de mundo distinta da educação. Assim, a instituição opera com princípios e práticas nem sempre convergentes, trazendo a complexidade que conhecemos para as escolas. A definição de um projeto pedagógico claro é a chave para conciliar essas demandas e criar coerência dentro da instituição.

Com essa compreensão, podemos analisar o que chamamos de invariantes da organização escolar. São características que perduraram ao longo do tempo e ao redor do planeta há mais de dois séculos, cristalizando a forma de se fazer educação nos dias de hoje e, consequentemente, definindo em grande parte o trabalho do professor.

Desde o século XIX, observamos a fragmentação do conhecimento, especialmente do mais simples para o mais complexo, organizado em áreas do saber distribuídas ao longo do tempo em etapas de escolarização. Essas etapas são organizadas em anos, que por sua vez são divididos em semestres, bimestres, meses, semanas e, finalmente, em aulas de aproximadamente 50 minutos. Essa fragmentação também possibilitou a divisão dos alunos não apenas por conhecimento, mas principalmente por idade.

Para que esses agrupamentos fossem viáveis, o espaço escolar também adquiriu características próprias. As salas de aula foram projetadas para reunir estudantes e professores, geralmente organizadas em corredores que facilitam o fluxo e o controle. Cada sala, por sua vez, passou a ser equipada com fileiras de cadeiras fixas e individuais, voltadas para a frente da sala, onde há um quadro ou lousa. Esse arranjo consolidou um modelo de docência baseado na exposição de conteúdos, em que o professor é visto como o único detentor do conhecimento e autoridade máxima dentro da sala de aula. Além disso, ele está submetido a uma hierarquia de poderes dentro da instituição escolar, que, por sua vez, pertence a um sistema burocrático de ensino organizado em diversas esferas – municipais, estaduais e nacionais.

Essa seria uma possível história da escola: um modelo hegemônico, único e cristalizado, que permite o reconhecimento desse espaço como uma instituição educacional em diferentes culturas e nacionalidades. Esse formato, denominado por alguns autores como "gramática escolar", "forma escolar" ou "cultura escolar", possibilita também a compreensão do que chamamos de inovação educacional. A inovação ocorre justamente quando há questionamento desse modelo clássico, trazendo novas concepções sobre tempo, espaço, relações de poder e saber dentro das organizações escolares.

Dessa forma, os processos de inovação educacional promovem alternativas com diferentes concepções de tempo e espaço, além de novas dinâmicas de ensino e aprendizagem. Projetos inovadores buscam flexibilizar e recriar esses quatro invariantes da escola tradicional, trazendo respostas mais alinhadas a suas diferentes propostas pedagógicas. No entanto, esses novos formatos também apresentam desafios, reforçando a ideia de que nenhuma solução educacional é definitiva ou acabada.

Uma das principais características da inovação educacional, portanto, é seu dinamismo.

Vamos analisar agora com maior profundidade cada um desses invariantes da organização escolar e possíveis formas de inovar em cada um deles.

TEMPO

O tempo pode ser compreendido como uma construção social, pois seu conceito e medição são definidos por convenções culturais e históricas. Ele organiza a vida ao estruturar atividades cotidianas, relações de trabalho e padrões sociais, criando uma noção coletiva de ordem e rotina. A escola, como instituição central na socialização infantil e juvenil, utiliza o tempo como um instrumento de regulação da aprendizagem e da conduta dos alunos.

Norbert Elias é um importante autor que apresenta o tempo como construção social e parte do nosso processo civilizatório. Ele destaca suas funções de comunicação, orientação e regulação da conduta. A escola assume papel central nessa regulação, transmitindo convenções temporais e organizando a vida dos alunos em uma sequência de estágios estruturados por faixas etárias, disciplinas e calendários.

A infância e a adolescência, antes inseridas no tempo social dos adultos, passaram a ser delimitadas pelo tempo escolar, estruturado em ciclos de aprendizagem que definem o desenvolvimento infantil e juvenil. O pesquisador espanhol Escolano destaca como essa estruturação temporal transformou a infância, separando-a da vida adulta e criando um tempo específico para a aprendizagem. A escola, com seus calendários e currículos rigidamente organizados, consolidou essa divisão, reforçando a ideia da criança como aluno.

Exemplo de grade horária semanal com aulas de 50 minutos, 30 minutos de intervalo

		1A	1B	2A	2B	3A
5ª feira	1ª aula – 7h20min	GEOGRAFIA	PORTUGUÊS	FÍSICA	BIOLOGIA	QUÍMICA
	2ª aula – 8h10min	PORTUGUÊS	GEOGRAFIA	BIOLOGIA	FÍSICA	QUÍMICA
	3ª aula – 9h	PORTUGUÊS	MATEMÁTICA	BIOLOGIA	QUÍMICA	HISTÓRIA
	9h50min	INTERVALO				
	4ª aula – 10h20min	MATEMÁTICA	PORTUGUÊS	QUÍMICA	BIOLOGIA	PORTUGUÊS
	5ª aula – 11h10min	BIOLOGIA	MATEMÁTICA	QUÍMICA	HISTÓRIA	PORTUGUÊS
	6ª aula – 12h	MATEMÁTICA	BIOLOGIA	PORTUGUÊS	QUÍMICA	INGLÊS

		1A	1B	2A	2B	3A
6ª feira	1ª aula – 7h20min	ARTES	QUÍMICA	PORTUGUÊS	MATEMÁTICA	FÍSICA
	2ª aula – 8h10min	ARTES	QUÍMICA	PORTUGUÊS	MATEMÁTICA	FÍSICA
	3ª aula – 9h	FÍSICA	ARTES	QUÍMICA	PORTUGUÊS	MATEMÁTICA
	9h50min	INTERVALO				
	4ª aula – 10h20min	FÍSICA	ARTES	MATEMÁTICA	QUÍMICA	PORTUGUÊS
	5ª aula – 11h10min	QUÍMICA	FÍSICA	MATEMÁTICA	INGLÊS	PORTUGUÊS
	6ª aula – 12h	QUÍMICA	FÍSICA	INGLÊS	PORTUGUÊS	MATEMÁTICA

Exemplo de calendário escolar anual

JANEIRO

D	S	T	Q	Q	S	S
				1	2	3
4	5	6	7	8	9	10
11	12	13	14	15	16	17
18	19	20	21	22	23	24
25	26	27	28	29	30	31

Até 18/01: Recesso
19 a 23/01: Planejamento
25: Feriado Municipal
26: Início do Ano Letivo
Dias letivos: 05

FEVEREIRO

D	S	T	Q	Q	S	S
1	2	3	4	5	6	7
8	9	10	11	12	13	14
15	16	17	18	19	20	21
22	23	24	25	26	27	28

16 e 18: Atividade Suspensa
17: Carnaval
Dias letivos: 17

MARÇO

D	S	T	Q	Q	S	S
1	2	3	4	5	6	7
8	9	10	11	12	13	14
15	16	17	18	19	20	21
22	23	24	25	26	27	28
29	30	31				

Dias letivos: 22

ABRIL

D	S	T	Q	Q	S	S
			1	2	3	4
5	6	7	8	9	10	11
12	13	14	15	16	17	18
19	20	21	22	23	24	25
26	27	28	29	30		

03: Paixão de Cristo
21: Tiradentes
Dias letivos: 20

MAIO

D	S	T	Q	Q	S	S
					1	2
3	4	5	6	7	8	9
10	11	12	13	14	15	16
17	18	19	20	21	22	23
24-31	25	26	27	28	29	30

1º: Dia do Trabalho
Dias letivos: 20

JUNHO

D	S	T	Q	Q	S	S
	1	2	3	4	5	6
7	8	9	10	11	12	13
14	15	16	17	18	19	20
21	22	23	24	25	26	27
28	29	30				

04: Corpus Christi
05: Atividade Suspensa
20: Atividade Cultural
Dias letivos: 22

JULHO

D	S	T	Q	Q	S	S
			1	2	3	4
5	6	7	8	9	10	11
12	13	14	15	16	17	18
19	20	21	22	23	24	25
26	27	28	29	30	31	

1 a 30: Férias
09: Feriado Estadual
31: Início 2º semestre letivo
Dias letivo: 01

AGOSTO

D	S	T	Q	Q	S	S
						1
2	3	4	5	6	7	8
9	10	11	12	13	14	15
16	17	18	19	20	21	22
23-30	24-31	25	26	27	28	29

Dias letivos: 21

SETEMBRO

D	S	T	Q	Q	S	S
		1	2	3	4	5
6	7	8	9	10	11	12
13	14	15	16	17	18	19
20	21	22	23	24	25	26
27	28	29	30			

07: Independência do Brasil
19: Atividade Cultural
Dias letivos: 22

OUTUBRO

D	S	T	Q	Q	S	S
				1	2	3
4	5	6	7	8	9	10
11	12	13	14	15	16	17
18	19	20	21	22	23	24
25	26	27	28	29	30	31

12: Nossa Sra. Aparecida
15: Dia do Professor – Ativ. Susp.
Dias letivos: 20

NOVEMBRO

D	S	T	Q	Q	S	S
1	2	3	4	5	6	7
8	9	10	11	12	13	14
15	16	17	18	19	20	21
22	23	24	25	26	27	28
29	30					

02: Finados
15: Proclamação da República
20: Dia Nac. Consciência Negra
Dias letivos: 19

DEZEMBRO

D	S	T	Q	Q	S	S
		1	2	3	4	5
6	7	8	9	10	11	12
13	14	15	16	17	18	19
20	21	22	23	24	25	26
27	28	29	30	31		

17: Conselho de Classe / Ano
18: Divulgar Resultados Finais
19/12 a 17/01: Recesso
Dias letivos: 12

Entretanto, diferentes projetos pedagógicos questionam essa estruturação temporal. Escolas indígenas organizam seu tempo de acordo com os ritmos comunitários e da natureza, enquanto alguns modelos baseados em projetos rompem com a seriação, priorizando o interesse dos alunos e grupos multietários. Outros exemplos são as escolas Waldorf, presentes em mais de 60 países, que adotam ciclos de sete anos e ensino por épocas, em que as disciplinas são ministradas de forma intensiva – ao invés de ter o semestre ou o ano todo com a mesma distribuição dos horários. Há também escolas tanto públicas como privadas, como a Emef Amorim Lima e Emef Campos Salles, em São Paulo, que flexibilizam os ritmos de estudo dentro do sistema seriado tradicional, por meio de horários de estudos individuais com acompanhamento dos professores e apoio dos colegas. Pelo planejamento que o próprio estudante faz, ele passa a compreender que leva tempos diferentes para aprender Matemática e Português – os roteiros de estudo permitem que cada estudante avance no seu tempo.

A relação entre ócio e produtividade também se reflete na educação. O tempo escolar, influenciado pelo modelo industrial, valoriza a produtividade, avaliando os alunos pela sua capacidade de cumprir prazos e assimilar conteúdos em ritmo preestabelecido. No entanto, escolas que incorporam tempos livres – como a Casa Redonda e a Te-Arte, de educação infantil, a Politeia, de ensino fundamental, ou Summerhill, na Inglaterra – propõem um equilíbrio entre atividades dirigidas e espaços para brincadeiras e atividades espontâneas. Essas abordagens questionam a relação entre tempo escolar e eficiência produtiva, sugerindo que o aprendizado pode emergir também da experimentação e do lazer.

Se associarmos com outras perspectivas epistemológicas, como a do filósofo indígena Ailton Krenak, que nos diz que a vida não é útil, veremos que essas práticas também questionam nossa forma de conhecer e ser no mundo.

A Sociedade da Atenção e do Cansaço, refletida pelo filósofo coreano Byung-Chul Han, também se manifesta na escola. A educação contemporânea enfrenta desafios relacionados à hiperestimulação e à cobrança por desempenho contínuo, caminhando para uma lógica de exaustão que pode comprometer a qualidade da aprendizagem. A pressão por resultados rápidos e pela otimização do tempo gera um ambiente de sobrecarga cognitiva, dificultando a reflexão crítica e o aprofundamento do conhecimento. Experiências pedagógicas inovadoras, ao flexibilizarem o tempo escolar, podem atuar como alternativas a esse modelo, para que encontremos uma relação mais saudável entre tempo, aprendizagem e bem-estar.

ESPAÇO

O espaço é uma dimensão tão rica que algumas áreas do saber o têm como objeto central de estudo, entre elas a Geografia e a Arquitetura. O espaço é composto por sua dimensão geofísica, mas também pelas construções e relações de produção, circulação, convivência e consumo. Por serem relações dinâmicas, o espaço está em constante transformação, sutil ou radical, parcial ou total.

Se, por um lado, o tempo exerce influência sobre o espaço, sendo este, segundo o grande geógrafo Milton Santos, o registro do acúmulo desigual dos tempos, ao se concretizar no espaço, o tempo imprime nele sua marca, datando-o.

É na concretude do espaço que as memórias são registradas, onde a vida acontece e a ação encontra dimensões para se realizar e se substancializar. Por isso, o espaço funciona tanto como uma tela em que se imprimem os significados de um tempo quanto como um dos elementos que expressam a visão desse tempo. Sendo mais duradouro do que as próprias relações sociais que o configuram, o espaço preserva as estruturas implícitas da dinâmica social.

O espaço escolar, por sua vez, é também uma construção cultural e histórica. Como produto de cada época, reflete os valores dominantes do momento. Assim, o espaço nunca é neutro; ao contrário, ele carrega, em sua configuração como território e lugar, signos, símbolos e vestígios das condições e das relações sociais daqueles que o habitam, comunicando-se, portanto, de forma intrínseca com essas dinâmicas sociais.

A definição de um espaço próprio de ensino também é uma introdução dos colégios humanistas do século XVI. Tais colégios foram implantados nas cidades, ainda que suas inspirações arquitetônicas fossem baseadas nos mosteiros, localizados nos campos. Cada classe ganhou uma sala, todas alocadas uma ao lado da outra, facilitando o controle e o acesso dos professores e alunos. Ainda que as diferenças arquitetônicas em função da ordem religiosa transparecessem nas plantas escolares, em todos eles se notam a presença não só das salas e corredores, mas também dos pátios. O espaço próprio para o ensino possibilitou a viabilização das novas tendências pedagógicas da época, ao mesmo tempo em que ampliou o controle, especialmente sobre os corpos.

Para os historiadores da educação Viñao Frago e Escolano, o espaço não se configura apenas como uma ferramenta de organização e controle, mas adquire uma carga cultural e simbólica que passa a constituir o próprio currículo.

Da arquitetura à localização, o espaço escolar é dotado de significados partilhados e transmitidos de forma silenciosa aos educandos e educadores.

Da mesma maneira que a arquitetura, os objetos que permeiam a prática pedagógica são dotados de valores: sejam apenas artefatos para organizar o espaço escolar, como carteiras, sejam objetos de cunho pedagógico, como os livros didáticos, todos eles revelam valores e intencionalidades. O mesmo podemos dizer sobre os recursos tecnológicos digitais de hoje que modelam a experiência dos estudantes e o fazer docente.

Na ótica da arquiteta Doris Kowaltowski, a arquitetura escolar é o resultado de três elementos: da tecnologia disponível, que está relacionada aos avanços científicos da área e aos interesses econômicos de viabilizar o uso de tais descobertas (materiais e técnicas); dos padrões estéticos da época; e da pedagogia, visão que o arquiteto tem sobre os espaços educativos, que está relacionada à visão de mundo sobre a criança, juntamente com a proposta metodológica da escola. Essas três esferas revelam que o desenho dos espaços está extremamente ligado a uma visão de mundo e a interesses de determinada época e determinado grupo social.

São dois os principais tipos de edificação escolar: salas retangulares com corredor lateral ou com corredor central.

As salas de aula costumam seguir um padrão: são retangulares, com a lousa fixa nas paredes, com carteiras (mesa e cadeira) enfileiradas. Na comparação da foto de uma sala de aula atual com uma do século XIX, vemos a manutenção deste padrão.

Foto de sala de aula no EUA no século XIX – Boston Public Library (Unsplash)

Escola Estadual José Ribamar Teixeira, em Porto Grande, Amapá – Eliseu Alves/GEA (CC BY 3.0)

Além das salas, os corredores são o elemento arquitetônico comum às escolas tradicionais.

Escola Estadual Thomazia Montoro, em São Paulo - Marcelo S. Camargo / Governo do Estado de SP (CC BY 2.0)

Alguns arquitetos contemporâneos, porém, questionam a visão hegemônica da arquitetura escolar tradicional. Esses profissionais não apenas sugerem novos designs baseados em espaços abertos, flexíveis e conectados, mas também introduzem conceitos disruptivos que redefinem a função da escola. A ideia é superar o modelo da escola como uma masmorra do conhecimento e expandir o processo educativo para além do seu território, como as propostas de cidade educadora, bairro-escola ou comunidades de aprendizagem. Tais abordagens defendem que o aprendizado transcenda os limites da sala de aula e do próprio edifício escolar. Para isso, os estudantes são incentivados a utilizar múltiplos espaços – como museus, teatros, praças e clubes – para realizar atividades de pesquisa, exploração e vivência, enriquecendo suas experiências de aprendizagem. Uma ótima opção para sair dos espaços convencionais é a integração com a natureza. Além de permitir diversas dinâmicas entre as crianças, possibilita contato com os vários elementos (terra, água, ar, fogo), animais, plantas etc., em seus vários ciclos, o que é uma grande fonte de conhecimento, tanto científico-formal quanto de outras ordens.

Internacionalmente já existem muitos exemplos de alternativas arquitetônicas para as escolas, como as desenhadas por Rudolf Steiner, em que as salas não são quadradas ou retangulares e não há corredores, uma vez que toda a planta segue uma forma mais orgânica. Há também prédios sustentáveis ou mesmo que usam tecnologia de ponta, com amplos espaços unidos pelo uso de outras soluções arquitetônicas. Nessas novas construções, valorizam-se a luz natural e a amplitude da visão, resultando em espaços escolares muito diferentes dos convencionais colégios do século XVII. Um exemplo de arquitetura sustentável e integrada ao território são as escolas internacionais Green School, localizadas na Indonésia, Nova Zelândia e África do Sul. Elas são construídas a partir de materiais locais, como bambu, utilizam luz natural e eficiência energética, fazem reaproveitamento de água, compostagem e reciclagem de materiais – o que evidencia, pela arquitetura, a proposta pedagógica da escola, conforme podemos ver nesta imagem.

Green School, Indonésia - Forgemind ArchiMedia (CC BY 2.0)

No Brasil, também temos algumas escolas com arquitetura mais sustentável, como a primeira escola pública com certificado LEED Zero, localizada em Florianópolis: a creche Hassis, que zerou a emissão de carbono a partir do uso consciente de energia, água e tratamento de resíduos, recebendo o reconhecimento máximo dessa certificação internacional para prédios sustentáveis. Poderíamos citar também escolas indígenas e quilombolas que se integram no modelo arquitetônico de suas comunidades, escolas-ateliês, escolas-parque em diversas cidades brasileiras e os CEUs (Centros Educacionais Unificados), que são grandes complexos educacionais que integram ensino, lazer e natureza.

Uma conhecida proposta que tem no espaço da sala "de aula" um de seus pilares é a metodologia montessoriana. Por se basear na disposição de materiais pedagógicos por todo ambiente escolar, a estrutura é bastante diferente das salas tradicionais. São montados centros de interesse para diversas atividades, que as crianças podem escolher de forma individual ou coletiva. Na Escola do Bairro, em São Paulo, as estações organizadas com múltiplos objetos ao redor de um tema é o centro da proposta pedagógica, mudando o espaço de acordo com a intencionalidade do professor e a apropriação pelas crianças. Algumas escolas não tradicionais, ainda que tenham espaços fechados, não têm salas de aula, com carteira e lousa. São salas para brincadeiras, dança, culinária, música e convívio. Temos também as escolas que, diante dos avanços tecnológicos, redesenharam seus espaços de aprendizagem, tais como os Ginásios, no Rio de Janeiro – que por meio de tablets e conteúdos on-line construíram ambientes mais dinâmicos e descontraídos para os anos finais do fundamental –, e os laboratórios *maker* de escolas públicas em Sobral/CE e Santa Catarina e nas escolas do Sistema S – Senac e Sesi.

Há um crescente número de escolas públicas e particulares que criam laboratórios *maker*. Esses espaços, mais comuns em faculdades de Engenharia, estão sendo montados também em escolas de ensino fundamental, médio e técnico. Costumam ser equipados com impressoras 3D, máquinas de corte a laser, computadores e ferramentas e atuam especialmente com a abordagem STEAM (Ciência, Tecnologia, Engenharia, Artes e Matemática).

A Escola Municipal de Educação Fundamental (Emef) Desembargador Amorim Lima a Emef Campos Salles, ambas em São Paulo, também desenvolveram um modelo com configurações espaciais diferentes. O estudo por meio de roteiros realizado com apoio de colegas e professores, mencionado anteriormente, permite que os alunos se organizem em pequenos grupos em um salão formado pela quebra de paredes de antigas salas de aula.

Buscar o contato com a natureza, a construção de novas formas de utilização da antiga estrutura, tornando a relação e a apropriação do espaço mais democráticas, ou indo em direção ao mundo virtual e tecnológico. Tudo isso revela que as oportunidades de aprendizagem começam a transbordar da caixa fechada que era a sala de aula, com novas configurações pedagógicas.

RELAÇÕES DE SABER

O conhecimento tem para nós um caráter diferenciador. Tanto nos distingue dos outros animais como diferencia um indivíduo do outro, determinando, em grande parte, nossa função como membros da sociedade. Um sapateiro é um sapateiro por saber (técnica e/ou conceitualmente) como se fazem e consertam sapatos; se soubesse de jardim, então seria jardineiro.

Por razões histórico-culturais, o homem passou a valorizar os conhecimentos de modo diferente, estabelecendo uma escala hierárquica entre os saberes e seus detentores. A sociedade criou castas, estamentos, classes etc., e a cada uma dessas divisões associou determinados conhecimentos. A lógica econômica por trás da distribuição do conhecimento pela sociedade fez com que os célebres sociólogos Bourdieu e Passeron nomeassem o saber como "capital cultural".

Por outro lado, saber e ser estão intrinsecamente ligados. Diante dessa ligação, surge a "educação". A cultura de seu tempo e de seu grupo é um legado transmitido ao ser humano por meio da educação. Munidos dessa ferramenta, os herdeiros deste mundo serão, em princípio, capazes de dar continuidade a este grande projeto de sobrevivência da espécie humana.

Vemos, então, que a educação se dá pela partilha da cultura e não somente em situações cuja intenção principal seja a educação. Diferenciamos, portanto, educação de ensino. Enquanto ensino só pode acontecer mediante intenção, educação também se dá pela participação na cultura, pela experiência na vida.

Quando se define este conjunto de objetos culturais necessários às futuras gerações, cria-se a ideia de "caminho", de "corredor", de *curriculum*.

Mas o conhecimento não precisaria estar disposto na forma de um caminho único a ser percorrido. Essa foi uma ideia construída ao longo de muitos séculos, podendo remontar sua origem ao checo Comenius (1592-1670), que queria ensinar tudo a todos.

A formação das novas gerações se tornou uma grande preocupação das sociedades mais complexas, tanto para habitar este novo espaço de tramas simbólicas como para partilhar desses significados e, especialmente nas sociedades capitalistas, agir mediante a rede estabelecida de valores, consumo e produção. É neste cenário que as primeiras escolas ganham forma e é quando ela se torna uma grande e poderosa instituição. E da necessidade de ajustes finos para cumprir seu objetivo surge a ciência sobre a seleção dos conteúdos escolares, as teorias de currículo, mais uma das várias ramificações científicas que cresciam exponencialmente na época.

Segundo um dos importantes autores da área, Tomas Tadeu, as primeiras teorias, agrupadas sob o rótulo de teoria tradicional do currículo, são do início do século XX nos Estados Unidos e têm como marco o livro de John Bobbitt,

O currículo, de 1918. Segundo o próprio autor, o ensino se assemelharia a uma usina de fabricação de aço e, portanto, careceria do estabelecimento de padrões, especialmente ligados ao ritmo de ensino e aprendizagem, garantindo que os objetivos educacionais fossem atingidos.

As críticas a essa concepção vieram de várias partes do mundo, recebendo o nome de teorias críticas do currículo. Enquanto as teorias tradicionais buscavam adequar os estudantes à ordem social estabelecida, as teorias críticas passaram a perceber que a escola era um grande instrumento de manutenção da ordem social, evidenciando a carga ideológica e de seleção que havia nessa instituição. Alguns autores salientam a importância das avaliações na definição do currículo. Por mais que se explicite a intenção de ensinar uma série de conteúdos, aqueles que estiverem na avaliação serão privilegiados pelos professores e alunos. Assim, o grande definidor de currículo não seriam os planos, mas sim as avaliações.

Todos os agentes (órgãos públicos, cientistas, professores etc.) que desempenham algum tipo de poder diante da definição do currículo irão modificá-lo em maior ou menor grau, sendo o currículo – muito mais do que um documento – um processo e uma disputa.

Posteriormente, as teorias do currículo chegam na pós-crítica, sendo uma dessas o multiculturalismo, que rompe com a ideia de hierarquia cultural. Qualquer forma de diferenciação entre os saberes é compreendida como uma evidência das relações de poder. Nessa perspectiva, os discursos feministas, étnicos e raciais também passam a evidenciar o currículo dominante como estritamente branco, europeu e masculino, que reforçaria essa visão de mundo e, portanto, a perpetuação das relações de poder, como abordado por bell hooks.

A última grande guinada na teoria do currículo veio com os pós-estruturalistas, em especial Foucault e Derrida, cuja gênese de seus pensamentos remonta a Nietzsche e Heidegger. Nessa perspectiva, saber e poder estão intrinsecamente relacionados. O que se busca entender é por que algo se tornou verdadeiro, por que ganhou caráter de verdade para aquele grupo social.

A tradição escolar coloca dentro de um espaço reservado para esse encontro uma pessoa que detém o conhecimento a ser transmitido e muitas pessoas que ainda não detêm tal conhecimento, que devem aprender em determinado ritmo. A intencionalidade e o objetivo pedagógico continuam sendo monopólio de uma pessoa dentro desse espaço. As propostas divergentes dessa prática, seja por redesenharem o papel do professor e dos estudantes, seja por romperem com a lógica de currículo como um "corredor", vêm ganhando escala no Brasil e no mundo.

Dentre as mais consagradas propostas alternativas está o método Freinet, que mantém como figura central o professor, mas propõe uma forma de apropriação do conhecimento bastante diferente por parte das crianças. Há uma roda de conversa em que o professor apresenta algumas questões genéricas ou alguma proposta de atividade, como passear pela natureza. As crianças saem para esse espaço, atentas aos ritmos, elementos e acontecimentos dali. Passado o tempo previamente combinado, retornam para a sala e contam o que viram. Os assuntos são muito diversos, por exemplo: o pé de caqui com frutos; um pássaro fazendo um som diferente ou o jardineiro juntando folhas. A partir dessas experiências, a professora pergunta se gostariam de saber mais ou entender melhor o que estava acontecendo. São listadas no quadro inúmeras questões que partem das próprias crianças. O trabalho da professora é agrupar essas várias questões em grandes temas ou perguntas maiores, e os alunos escolhem a qual dessas perguntas querem se dedicar, podendo fazer a investigação sozinhas ou em grupos. É possível que algumas perguntas não gerem debate, enquanto outras despertem muito interesse, podendo inclusive repartir novamente as crianças para criar grupos menores e mais focados. Com a pergunta de investigação em mente, elas voltam ao espaço, observam, coletam amostras, fazem entrevistas, pesquisam na internet e na biblioteca. Terminado o tempo, voltam para a sala com o que descobriram e a professora disponibiliza materiais para registro, que as crianças usam para fazer cartazes, textos ou até mesmo apresentações. Há uma roda ao final do dia ou do período dedicado a essa pesquisa, em que os alunos apresentam suas descobertas para os demais, respondendo às perguntas de investigação. Disso podem surgir novas questões, e as crianças que não tinham se dedicado inicialmente a um tema passam a se interessar por ele, dando origem a um novo ciclo de pesquisa e compartilhamento. Os registros não ficam em posse apenas de quem os elaborou, mas são catalogados e arquivados na biblioteca da escola, que é construída com base nos saberes produzidos naquele espaço.

Esse é um recurso extremamente rico e costuma ser o ponto de partida da investigação de algumas crianças: entender o que outros estudantes já descobriram sobre aquele tema e avançar na sua compreensão, valendo-se de uma linguagem muito próxima à deles, uma vez que o material foi elaborado por crianças da mesma escola. O currículo prescrito é contemplado pelo esforço da professora em criar situações que gerem problemas relativos à natureza, matemáticos e/ou sociais, ainda que as experiências de modo geral agrupem todos esses temas. Ou seja, não há uma fragmentação do saber para a criança, não há uma trilha predefinida de conhecimentos a serem aprendidos. Quem faz a associação do que foi trabalhado com o grupo (currículo real) com as exigências prescritas é o professor, não antecipadamente, na forma de planejamento, mas posteriormente, na forma de reflexão e sistematização sobre seu trabalho. O método Freinet é amplamente conhecido e serve de inspiração para muitas escolas, ainda que não o mencionem diretamente.

Nessa mesma linha temos o método de projetos, criado por Kilpatrick do movimento escola-novista americano, que inspirou a atual abordagem de aprendizagem baseada em projetos, adotada por algumas escolas inovadoras. Falaremos mais sobre esse movimento no capítulo "Uma breve história da inovação educacional".

As pautas ligadas às habilidades socioemocionais e as competências para o século XXI, reforçadas por órgãos internacionais como a Unesco, estimulam outras dinâmicas e propostas pedagógicas. As discussões sobre o brincar livre e as vivência na natureza também trazem outra perspectiva para o currículo das escolas tradicionais. A inteligência artificial tem sido o grande teste de sobrevivência a esse modelo. Atualmente, alunos e professores já executam tarefas de forma mecânica: a IA realiza o trabalho que seria do aluno e, em seguida, ela o corrige para o professor. Esse ciclo revela o esvaziamento da relação pedagógica tradicional.

Observamos, portanto, que as alterações na relação com o saber podem se dar pela adoção de novos métodos, pela introdução de novos conteúdos curriculares ou até mesmo de novas compreensões sobre a infância e a educação.

RELAÇÕES DE PODER

O aumento no número de escolas e profissionais a elas vinculados resultou em maior complexidade na gestão do sistema, ao mesmo tempo em que a tendência tecnicista e mercadológica passou a reger a educação nas últimas décadas. Ambos os fatores contribuíram para o discurso de se organizar a escola racionalmente, reforçando seus aspectos burocráticos. As organizações burocráticas tendem a se desenvolver em função de diferenciações no sistema social.

A estrutura burocrática é um dos mais poderosos instrumentos de manutenção do *status quo,* ou seja, ela preserva grande parte das condições e estruturas atuais, perpetuando determinadas relações de poder e dominação. Como principais instituições burocráticas, temos uma lista de quatro organizações cujo objetivo é a manutenção e preservação do *status quo*: o Estado, a Igreja, o Exército e a Escola.

A história da educação nos revela diversas configurações e práticas pedagógicas, mas a que vingou dentre todas é a mais fragmentada, hierarquizada e disciplinar. Segundo alguns historiadores, como Pettitat, no século XVI, os colégios religiosos romperam com o modelo das corporações da Idade Média e se estruturaram de forma burocrática. Ainda que esse modo de organização não seja exclusividade dessas instituições, foram elas que disseminaram a tendência geral na época.

Há, portanto, uma dupla relação da escola com a gênese das organizações burocráticas. Ao mesmo tempo em que a escola passa a se estruturar de maneira burocrática, disseminando tal modelo organizacional, é apenas pelo resultado de seus esforços de alfabetização e disciplinamento que consegue oferecer para a sociedade as bases para que essa estrutura se estabeleça, uma vez que, para a burocracia, são imprescindíveis a norma escrita e a objetividade.

Concluímos, portanto, que as estruturas burocráticas possuem estreita relação com os processos educativos que a sociedade estabelece, tanto em seu caráter seletivo quanto pelos mecanismos de disciplinamento e transmissão da cultura escritural. Ou seja, os sistemas educacionais baseados na escola tradicional, além de reproduzirem as distinções sociais, são mecanismos de produção de um *modus operandi* que irá caracterizar as sociedades do período moderno (séculos XV a XVIII).

O importante filósofo francês Foucault observa que a técnica de poder desenvolvida nos séculos XVIII e XIX sobrepõe-se à técnica de poder dos séculos XVI e XVII. São técnicas de controle social que servem para a gestão dos indivíduos. A burocracia, para Foucault, seria uma dessas técnicas, mas haveria uma mais sutil e eficaz, pois alcançaria a cada um dos indivíduos, um poder fino: o poder pastoral.

Esse poder é bondoso, cuidadoso e condutivo. Para manter o corpo coletivo unido, ele precisa conhecer cada um de seus membros, separando-os e identificando-os. Uma vez "catalogados", tais indivíduos tornam-se presos em suas identidades. Estas se tornam armadilhas, aprisionam o ser em determinada conduta, reforçando permanentemente sua identidade. O desejo que se incute de ser cada dia melhor é a maneira de se desenvolver, reforçando apenas traços da identidade que já se têm, diante de uma trajetória linear e esperada.

O conhecimento é, assim, o principal instrumento de dominação. Foucault toma aqui o conhecimento como o produto da razão instrumental, que serve exclusivamente para a dominação dos homens e da natureza. Quase toda a ciência teria se desenvolvido com base nessa razão, como é o caso da Medicina, da Psicologia, da Pedagogia e da Administração.

A escola, para Foucault, é uma das instituições de disciplinarização dos corpos e mentes, que produz uma identidade específica naqueles que a frequentam. É, portanto, uma das instituições que configuram o indivíduo das sociedades dessa época. Por essa razão, contraposições à forma escolar implicam outras formas de subjetividade.

Traremos aqui alguns exemplos que subvertem a hierarquia e as práticas de disciplinamento dos indivíduos, lembrando que pensar em estruturas não burocráticas não significa estar isento de relações de poder.

Na maioria das escolas pesquisadas, encontramos as assembleias, situações em que crianças e adultos têm, formalmente, o mesmo poder de voz e decisão. A tendência na maior parte das escolas investigadas era de democratização da gestão, permanecendo outras instâncias de controle.

No Projeto Âncora, em Cotia, com o professor José Pacheco, da Escola da Ponte em Portugal, buscou-se transformar uma escola em uma comunidade de aprendizagem integrada ao território a partir dos processos de investigação realizados pelas crianças. Nesse espaço se observava outra dinâmica que contestava as atuais divisões de trabalho. As próprias crianças dividiam-se para auxiliar na limpeza, cozinha e organização da escola. Seus projetos de estudo muitas vezes se relacionavam com problemas encontrados quando participavam dessas atividades. Um dos estudantes, por exemplo, estava desenvolvendo um trabalho relacionado ao lixo que a escola produzia, especialmente em decorrência de sua observação acerca dos restos de alimento do almoço.

Ainda há, na maior parte das escolas, a preocupação em incluir os pais e a comunidade na vida escolar. Na Associação Pró-Educação Vivendo e Aprendendo, localizada em Brasília, é a própria associação de pais que administra a escola, não há "proprietário", tudo é decidido entre pais e professores. De modo semelhante, mas mais estruturado, funcionam as escolas Waldorf, fundadas e administradas por associações de pais. Já na cooperativa escolar, modelo seguido pelas escolas Freinet que mais se aproximam da proposta de seu idealizador, são os professores que fundam e administram a escola e repartem seus lucros ou prejuízos. No caso de algumas escolas públicas, como as do Movimento dos Trabalhadores Rurais Sem Terra (MST), há uma estrutura bastante complexa de representação estudantil que garante a participação dos alunos em diversas instâncias de decisão, assemelhando-se à estrutura de representação do próprio movimento.

A partir desses instrumentos organizacionais, observamos uma ação diferente das tradicionais ações dos agentes escolares. Trata-se de relações baseadas no reconhecimento do outro também como um agente educativo e, principalmente, como alguém com direito a voz e tomada de decisão.

A liberdade para ocupar diferentes espaços e transitar livremente por todos eles, a liberdade para definir o ritmo de estudo e os conteúdos a serem estudados, bem como suas fontes, e o poder de participação para decidir as regras de convivência daquele espaço são rupturas significativas diante da estrutura convencional de poder existente na escola tradicional.

A lógica de rede, a ocupação de um território, a valorização de outros tipos de saber, a tomada de decisão partilhada com alunos, tudo isso é mudança na relação de poder, e por isso esse é um local de conflito, inclusive conceitualmente.

Para sintetizar o que foi trazido nessas várias categorias, apresento o seguinte quadro:

Quadro 1 – Categorias no modelo tradicional e não tradicional

Categoria	Escola tradicional	Escola não tradicional
Organização escolar	Unidade	Rede/Comunidade
Tempo	Grade horária, calendário escolar, seriação, idade biológica, horário rígido, fragmentado e predefinido	Ritmo do aluno, horário flexível e adaptável, grandes ciclos ou períodos de formação, tempo livre
Espaço	Sala de aula, corredores, edifício próprio, carteiras individuais enfileiradas, lousa, cadernos, livros e apostilas	Ambientes diversos, flexíveis e abertos. Possibilidade de transitar entre os espaços. Maior integração com a natureza. Maior integração com o território. Mobília adaptável, de uso coletivo, estimulando agrupamentos. Objetos tecnológicos. Integração com espaços virtuais
Saber	Sequencial, do mais simples ao mais complexo, professor detém o conteúdo e o julgamento sobre a apropriação que os alunos fazem desse conteúdo, por meio de provas com notas que determinam a possibilidade de o aluno seguir para o próximo período. Retenção, recuperação e reforço. Currículo predefinido, com objetivos aula a aula. Transmissão oral pelo professor com suporte escrito. Exercícios, lição de casa. Saberes formais explicitados	Currículo flexível ou modular, trajetória de aprendizagem do aluno, avaliação formativa, autoavaliação ou avaliação mediante solicitação do aluno (quando se sente preparado), professor ou computador registra os conteúdos que os alunos aprenderam e relaciona com o currículo. Uso de dispositivos para registros individuais ou coletivos. Roteiros de estudo. Grupos de estudo. Vivências. Projetos. Pesquisas. Conteúdos da internet. Conteúdos da comunidade. Saber formal, informal, popular e tradicional. Conteúdos não são previamente definidos ou explicitados aos alunos. Saber prático. Pessoas da comunidade e colegas são fontes de saber. De acordo com o interesse do aluno. Competências socioemocionais
Poder	Burocrático, autoritário, mecanismos de premiação e punição definidos	Assembleia, colegiados, acordos coletivos, regras coletivamente construídas e frequentemente atualizadas, punições não previamente definidas

Fonte: Gouvêa, 2016.

RESUMO

Ao longo deste capítulo compreendemos o conceito de *tempo* e de tempo escolar, a relação da infância e adolescência com o tempo, as diferentes perspectivas temporais nos projetos pedagógicos; a relação do ócio e da produtividade com a educação. Na sequência, entramos no invariante *espaço*, conceituando o espaço escolar e seus efeitos para o processo educacional, constituindo-se como parte do currículo das escolas; vimos algumas novas arquiteturas e possibilidades de uso das salas de aula, ampliando nossa perspectiva sobre o espaço escolar, e chegando aos bairros educadores.

O terceiro invariante da organização escolar são as *relações de saber*, que estão diretamente vinculadas com as relações de poder. Entendemos que a forma de valorizarmos alguns saberes ao invés de outros, a seleção de alguns para os currículos escolares e a relação do conhecimento com a constituição das nossas identidades subjetivas e profissionais revelam de modo sucinto essa trama de valores e significados perpassada pelas *relações de poder* que existem na sociedade. Nesse sentido, abordamos as alternativas educacionais como forma de ampliarmos nossas perspectivas.

Técnicas e tecnologias educacionais

Ao longo deste capítulo, buscaremos compreender:

- O que é tecnologia e tecnologia educacional.
- Uma breve história da tecnologia educacional.
- A relação da tecnologia com a educação.
- A relação da tecnologia com inovação educacional.

Minhas histórias de escola

Minhas primeiras lembranças da escola, acho que são do tanque de areia – eu ficava muito por lá. Mas lembro também de brincar na área coberta ou fazer bonecos de argila sentada à mesa. Na minha mochila havia roupas e comida. Quando fui para o ensino fundamental, mudei de escola, e lembro de ter feito um livro sobre a joaninha com ajuda da minha mãe. Para as lições que a professora mandava, eu precisava pesquisar na enciclopédia do meu avô. Para entregar os trabalhos, a professora dava folha pautada, e as fotos para ilustrar o trabalho, eu recortava das revistas da minha mãe – tinha uma revista que era linda, com fotos perfeitas para os trabalhos, mas, de tão bonita, não podia ser cortada, se chamava *Revista Terra*. Quando cresci um pouco mais, eu podia ficar na sala de jogos da escola para jogar pebolim; quando estava muito cheia, ficava no pátio jogando 5 Marias com minhas amigas. Então, começaram as provas em que tínhamos uma lista de exercícios para fazer em tempo marcado pela professora. Tinha que lembrar o conteúdo exatamente como ela tinha escrito no acetato e colocado no projetor. O sinal era bem alto e só tocava uma vez. Às segundas, tinha que hastear a bandeira cantando o Hino Nacional na quadra. Quando a biblioteca nova ficou pronta, eu adorava pegar um livro e ficar na sala do silêncio com os móveis pequenos e o tapete colorido. Mudei novamente de escola. A professora de História fazia uma lousa cheia de informações com muitas cores, ficava fácil depois estudar pelo caderno. Tinha uma professora que gostava de levar o tocador de CD para a aula e colocar música para ouvirmos, queria que pensássemos na letra da música com a aula daquele dia. Quando comecei a ter aulas de Inglês, a professora levava em todas as aulas o tocador de CD para escutarmos a música e respondermos os exercícios da apostila. Era a única disciplina que tinha todo o kit de atividades. No último ano do fundamental, meus pais pediram para um amigo que viajou para fora do país trazer uma câmera filmadora. Eu a usei para gravar meu trabalho de Geografia, um jornal cheio de notícias e informações com cenário e roupa séria; minha turma adorou e acharam que eu deveria ser jornalista. O novo prédio da escola tinha ficado pronto, iriam abrir o ensino médio e nós seríamos a primeira turma. Fui visitar os laboratórios de Biologia, Química e Física, as bancadas fixas, cheias de tomadas, e ao redor vários materiais: esqueletos, animais em vidros, cartazes com tabelas, dezenas de frasquinhos, mexedores e livros. Nas salas de aula havia projetores e computadores em que os alunos e os professores podiam passar apresentações. Fiquei muito animada com o novo prédio, os professores também eram muito bons. Na aula de Matemática, o professor levava figuras geométricas que se abriam, e podíamos ver como ficavam planas, formando triângulos e quadrados que deixavam os cálculos de área e volume bem fáceis. Os trabalhos passaram a ser entregues impressos para os professores, escritos no computador de casa ou da sala de informática.

A pesquisa podia ser feita na internet, mas demorava muito e mantinha o telefone de casa ocupado, deixando minha avó sempre preocupada por não conseguir falar com a gente. Eu tinha alguns trabalhos salvos em disquetes, que se perderam porque depois viraram CDs, que também se perderam porque depois viraram DVDs, que não conseguem mais ser lidos porque agora os computadores só têm entradas para pen-drives, que, por sua vez, não podem ser usados em muitos lugares para não passar vírus; então, agora uso a nuvem.

Na faculdade de Administração, eu tive aula de Excel – que incrível, quanta coisa é possível fazer com ele! Já fiz planilhas enormes com mais de cinquenta colunas e centenas de linhas, em que, mexendo em um valor, mexe-se automaticamente em tudo. Mas outro dia falei com um professor da faculdade e ele me disse que agora ensinam Python, uma linguagem de programação. Mas na Pedagogia não tive nenhuma aula de tecnologia, nem nas de metodologias me ensinaram a usar recursos que auxiliassem naquela prática. No estágio, eu observava as professoras usando materiais pedagógicos, kits e sistemas, mas não conseguia me aprofundar muito sobre eles.
Apesar dos trabalhos e relatórios de estágio serem todos entregues digitalmente para os professores, os cadernos continuavam sendo meu lugar de registro das ideias durante a aula. Meus amigos queriam fazer fotocópias, porque eu anotava tudo. Mas, além da minha letra não ser muito legível, eu só anoto na linha o que o professor está falando e a partir disso faço um monte de flechas, balões, estrelas com *insights*, reflexões, perguntas que vão aparecendo; todos os cantinhos da folha ficam bem preenchidos. No doutorado, eram tantas páginas de reflexão que eu tinha uma parede inteira de estante com fichários e cadernos repletos de materiais das duas faculdades, mais o mestrado. Quando precisei me mudar para um apartamento pequeno, mandei tudo para digitalização. Foi difícil desapegar daquelas folhas que eu sabia, pela dobra ou pela posição na estante, que informação tinha. Mas quando estava na Austrália e fui convidada para elaborar um curso on-line, achei que tinha sido a melhor coisa ter digitalizado tudo, pois com uma única palavra na busca voltavam não apenas os textos que eu procurava, mas também textos que se relacionavam com aquele conteúdo e que, de cabeça, eu não lembraria. Assim, eu conseguia acessar trechos com muita rapidez e fazer novas reflexões.
Como professora universitária, gosto de montar meu Ambiente Virtual de Aprendizagem (AVA) bem completo, com informações sobre como o aluno deve se preparar para cada aula, o que utilizaremos em cada encontro e o que deve fazer após a aula, tudo com os links dos recursos digitais e referências dos livros e textos das bibliotecas digitais ou artigos eletrônicos. Tenho uma aba com conteúdos gerais, nem sempre relacionados à disciplina, que eu gosto de compartilhar para que ampliem seus repertórios de vida e de educadores. São uma espécie de itinerários para quem quer uma versão só do essencial do curso, para quem quer se aprofundar naquela disciplina e para quem tem interesses diversos que pude identificar em alguma conversa ou discussão em aula.
Em 2023 ministrei uma disciplina eletiva sobre inteligência artificial na educação, tema do meu pós-doutorado. Os recursos que estavam sendo lançados eram tantos que usávamos a aula para descobrir e aprendermos juntos. Minhas alunas me contavam como estavam utilizando essa tecnologia nas escolas de educação básica, o que funcionava e o que ainda não era bom. Era um lugar de maravilhamento e, ao mesmo tempo, de preocupação com os impactos que essa tecnologia traz para a educação, espaço em que partilhávamos a partir da pesquisa, da reflexão sobre autores que aportavam uma visão histórica e crítica, e da literatura e das artes.
Olhando para as transformações vividas na escola que permeavam minha vida de estudante e agora para a minha prática como docente, fico curiosa para saber como serão as salas de aula em 2060, quando talvez eu esteja me aposentando, caso não tenha uma tecnologia que mude inclusive esse conceito...

De quais recursos você lembra que permearam sua forma de aprender? Como você acha que isso influenciou na sua experiência?

O QUE É TECNOLOGIA E TECNOLOGIA EDUCACIONAL?

A palavra *tecnologia* tem origem no grego *téchnē* (arte, técnica, ofício) e *lógos* (estudo, discurso, razão), sendo, portanto, historicamente associada ao saber fazer, ao conhecimento aplicado à ação. Em sentido amplo, tecnologia refere-se ao conjunto de conhecimentos, procedimentos, instrumentos e sistemas criados ou utilizados pelos seres humanos para intervir no mundo, resolver problemas e ampliar suas capacidades de ação. Esse conceito inclui tanto ferramentas concretas, como a roda, o martelo, o lápis ou o computador, quanto sistemas organizacionais, processos simbólicos e linguagens, como o calendário, a escrita, a numeração ou as metodologias de ensino.

A partir dessa compreensão mais ampla, podemos definir a tecnologia educacional como o conjunto de recursos, estratégias, processos e ambientes físicos, simbólicos ou digitais, empregados com a finalidade de mediar, potencializar ou transformar os processos de ensino e aprendizagem. Isso abrange desde os recursos mais tradicionais, como o quadro-negro, o papel, os brinquedos pedagógicos e os ateliês de arte, até os dispositivos mais recentes, como plataformas virtuais, objetos de aprendizagem digitais, recursos de realidade aumentada, inteligência artificial e ambientes imersivos. Ao considerar a tecnologia educacional de forma abrangente, reconhece-se que não se trata apenas da introdução de aparatos técnicos na escola, mas de uma prática intencional e contextualizada.

A adoção de tecnologias na educação não é neutra. Toda tecnologia carrega consigo valores, visões de mundo e modelos de aprendizagem implícitos, que influenciam a organização do trabalho docente, o papel dos estudantes, a concepção de conhecimento e a dinâmica da sala de aula. O quadro-negro, por exemplo, estruturou a prática frontal e transmissiva por décadas, da mesma forma que certas plataformas digitais atuais tendem a reforçar práticas individualizadas e conteudistas, se utilizadas sem reflexão pedagógica. Vale lembrar que os softwares, aplicativos e recursos pedagógicos são desenvolvidos a partir de repertórios e visões pedagógicas determinadas por quem os idealiza e financia, essas visões norteiam não só o código criado pelos desenvolvedores como o produto final.

Assim, o papel do professor não é apenas o de usuário ou implementador de tecnologias, mas o de sujeito crítico e criativo, capaz de analisar, selecionar e reinventar o uso das tecnologias a partir de princípios pedagógicos coerentes com sua concepção de educação. Portanto, não basta incorporar os recursos às suas práticas, é preciso compreendê-las criticamente, problematizando sobre quem a desenvolveu, com qual finalidade, para quem, com quais possibilidades de uso.

BREVE HISTÓRIA DAS TECNOLOGIAS EDUCACIONAIS

Vejamos uma perspectiva um pouco mais histórica e cultural sobre esse debate tão relevante acerca das tecnologias na educação.

Nos primórdios da sociedade, contávamos com nosso corpo como principal recurso de comunicação e, por meio de gestos e cantos, transmitíamos os primeiros traços culturais. Para nos auxiliar, usávamos pedras, sementes e, mais adiante, alguns instrumentos para contar histórias, fazer medidas e alguns registros. A linguagem certamente é a maior tecnologia que criamos até hoje, pois estrutura nosso pensamento, nossas interações sociais e, portanto, nosso mundo.

Estabelece-se uma cultura oral, transmitida de geração para geração, preservando nosso acervo de conhecimento, aprendizados individuais e coletivos, que utilizamos até hoje. Após essa longa fase vinculada à cultura oral, a humanidade entrou em uma nova fase. Cerca de cinco mil anos atrás, criamos a escrita, que revolucionou nossa relação com o conhecimento. Os primeiros processos educacionais, entre adultos, envolviam tábuas de argila, papiro, pergaminho, pena e tinta.

Na Grécia e Roma Antiga, já se identifica uma das mais importantes tecnologias educacionais que estrutura grande parte da nossa forma de aquisição de conhecimento até hoje: o livro, que ainda era manuscrito. Nessa época tínhamos também quadros de cera e a escrita em tábuas.

Peter Burke nos explica como a invenção da imprensa no século XV e a popularização do papel foram as molas motrizes da difusão do conhecimento. A produção em massa de livros impressos estimulou a criação de novas escolas e universidades. Tanto porque a leitura passou a ser mais acessível, quanto porque foi possível incorporar nas escolas programas mais estruturados com currículo comum. Nessa mesma época, a Reforma Protestante estimulou o acesso direto aos textos religiosos, fomentando o letramento de parte da população europeia.

A leitura e, posteriormente, a escrita passaram a ser desenvolvidas nas escolas, que assumiram um papel fundamental na transição da cultura oral para a escrita, denominada por alguns autores de "cultura escritural". Trata-se não apenas do domínio da leitura dos livros, que já exige habilidade intelectual específica, mas também da apropriação da escrita pelos sujeitos, transformando-nos em autores e produtores de conhecimento. Assim, tornamo-nos partícipes de um mundo letrado organizado por normas escritas, cartazes de divulgação e orientação, cadernos de anotação e diversos registros, o que também deu origem aos sistemas burocráticos que estruturam as sociedades complexas.

É interessante pensar a escola como feita de artefatos que marcaram a história da educação, viabilizando, cada um deles, determinadas práticas pedagógicas. Antes da popularização do papel, por exemplo, usávamos outros materiais para auxiliar no processo de aprendizagem dos alunos, como caixas de areia e tábuas. Esses recursos trazem contribuições ao dia a dia da sala de aula, mas com dinâmicas diferentes daquelas viabilizadas pelo papel. A documentação pedagógica, por exemplo, é algo bastante difícil de ser feito. Ser professor atualmente é muito diferente de ter sido professor quando o papel foi introduzido, uma tecnologia que revolucionou o fazer docente e a cultura escolar. Sempre tivemos artefatos educacionais que marcaram esse processo, mas o papel foi emblemático como tecnologia na educação.

Vamos pensar, por exemplo, no que são as produções das crianças que ocupam os espaços das escolas, os corredores, as salas de aula. Esses trabalhos são significativos para os estudantes como produtores, como pessoas que estão se desenvolvendo nesse ambiente cheio de recursos e estímulos. Os professores observam como isso se dá no processo de aquisição de conhecimento, e as famílias também encontram ali um momento de interação com seus filhos e de estímulo para eles. Quando as crianças param no corredor para mostrar a seus pais os trabalhos que fizeram, há uma troca cultural simbólica e significativa. Seja para as artes, as disciplinas de linguagem ou a Matemática, o desenvolvimento das metodologias e da didática se deram simultaneamente aos recursos de cada época, sendo o papel um exemplo que atravessa todas elas.

Além do papel, outra tecnologia que impactou bastante a configuração das salas de aula foi o quadro-negro. Desenvolvido no século XIX, ele definiu a posição quase permanente do professor à frente da sala, com as carteiras direcionadas para o mesmo ponto e uma dinâmica própria de aula, baseada na observação e, mais adiante, na cópia da lousa. Nesse mesmo período vieram os cadernos, os estojos, as réguas, os compassos, o giz, a campainha e o diário de classe, estabelecendo as salas de aula como as conhecemos hoje, com alguns mecanismos de controle e atividades de registro e repetição configurando o cotidiano dos estudantes.

Instrumentos que nos ajudam no dia a dia passam a definir configurações de espaço, relações com o conhecimento e relações de poder dentro daquele ambiente. O quadro-negro – que remonta ao barro usado desde a Babilônia como suporte para registros e à ardósia muito usada entre os séculos XVIII e XIX – ganha um tamanho maior para poder ser visualizado pelo grupo de alunos simultaneamente e se populariza nas escolas. Para viabilizar uma superfície cada vez maior, ele é fixado na parede da sala, fixando também o professor nesse espaço. Ainda que posteriormente o tom verde, mais agradável aos olhos, tenha sido adotado, e depois a lousa branca com caneta em muitos contextos, o imaginário educacional e suas representações preservam a imagem do quadro-negro. No século XX, com as contribuições de Montessori, Freinet, Dewey e Rudolf Steiner, tivemos novos materiais criados e incorporados às escolas, como brinquedos educativos, objetos sensoriais, cartazes, fichários, tipografias. Surgiram também os laboratórios de ciências e os ateliês. O ambiente passou a ser visto como um terceiro educador. Do movimento escola-novista também destacamos a introdução dos parquinhos nas escolas.

Entre 1920 e 1970, o audiovisual trouxe muitas novidades para o ambiente escolar e para fora dele. O rádio, a televisão, os filmes, as projeções, os gravadores e os *slides* passaram a compor o processo de aprendizagem. Ampliando também a prática já muito antiga de educação à distância, que se dava por meio de correspondência.

A partir de 1990 temos a entrada dos computadores, da internet, das tecnologias móveis, como celulares e, posteriormente, tablets. E, ainda, ambientes virtuais de aprendizagem, e-mails, drives, redes sociais e espaços *maker*, com impressoras 3D, cortadoras a laser, kits de robótica.

Já no século XXI, temos a chegada de diversos materiais de educação integral especialmente para desenvolvimento de habilidades socioemocionais, mas também mobiliários dinâmicos e recursos de tecnologia digital, como as realidades aumentadas, os simuladores, os tutores e as inteligências artificiais. E, sobretudo a partir de 2022, a IA generativa passa a promover impactos diretos na relação pedagógica.

Vale lembrar que essa linha do tempo simplificada possui uma distribuição muito desigual. Se fizéssemos uma fotografia das escolas ao redor do mundo hoje ainda teríamos escolas com recursos escassos se valendo de um quadro negro e alguns poucos papéis, ao mesmo tempo em que há escolas altamente tecnológicas com mobiliário, arquitetura e recursos digitais de última geração. O acúmulo desigual dos tempos, que Milton Santos nos ensina, é fortemente percebido na realidade educacional das crianças e jovens pelo mundo.

TECNOLOGIA ANALÓGICA OU DIGITAL

A linguagem estrutura o nosso pensamento, e agora sabemos que ela também estrutura o cérebro fisicamente. Estamos passando por um processo de mudança na nossa linguagem, não só pela redução do vocabulário que dominamos e usamos cotidianamente, mas também pela nossa capacidade de interpretação, o que impacta nossa compreensão de textos complexos. E isso afeta a nossa capacidade de desenvolver o pensamento crítico, talvez uma das habilidades mais essenciais para a vida nesse mundo cheio de informações e disputas por verdades. *O cérebro no mundo digital*, de Maryanne Wolf, trata da leitura profunda que ocorre com o livro impresso. As páginas do livro e a interação física com ele nos dão conforto e distanciamento, permitindo que a leitura seja mais espaçada e tranquila e promovendo a conexão com nossas memórias, pensamentos e reflexões mais profundas. Sem esse espaço, sem a possibilidade de dialogarmos com o texto de maneira profunda, ele se torna algo superficial, rapidamente observado, sem dar tempo para que as sinapses aconteçam e conectem o que está sendo lido com aquilo que é constitutivo de nós.

Quando conseguimos fazer essa conexão entre o que é externo e o que é nosso, avançamos em termos de desenvolvimento. É esse encontro que gera incômodos e/ou conforto e que o conhecimento nos impacta, atrelando-o ao afeto, às emoções. Nesse processo, a memorização acontece. Mais do que memorização, é quando conseguimos desenvolver empatia por histórias e pessoas muitas vezes distantes de nossa própria vida e de nossos contextos. Esse momento nos permite crescer enquanto seres humanos.

A empatia é a nossa cola social, o que fez a humanidade chegar até aqui. É o vínculo que temos com o outro. A partir do momento em que objetificamos o outro, perdemos nossa capacidade empática e nos tornamos cada vez mais incapazes de nos sensibilizar com o outro e, portanto, de viver em sociedade, de passar por processos democráticos de escuta, de construção coletiva de saberes, de um mundo mais justo e ético para todos. Portanto, a leitura não é algo menor na construção dessa sociedade, e o tipo de leitura que realizamos também não é indiferente.

Entramos, então, nesta nova fase, da tecnologia digital. Assim, além de carregarmos historicamente todas essas outras tecnologias, incorporamos de forma complementar ou substituta as tecnologias digitais em nosso mundo. Falar disso nos leva à cultura multimidiática, que combina oralidade, escrita e visualidade, expandindo as formas de comunicação e aprendizado. Isso pode ser interessante, pois nos oferece formas diferentes de aprender conteúdos, de mobilizar os estudantes de maneiras distintas. Temos, por exemplo, a possibilidade de enviar um vídeo que complementa um texto, de usar um jogo para gerar exercícios e interações, seja na sala de aula ou em plataformas externas. Essa dinâmica potencializa o aprendizado como um todo, mas também traz novos desafios.

A professora Lúcia Santaella faz muitas provocações, como o conceito de "neo-humano", nos quais ela analisa essas mudanças tecnológicas como mudanças antropológicas. Quando alteramos o dia a dia do professor ou do aluno, estamos não só olhando para a tecnologia dentro da sala de aula, mas também para como ela altera nossas formas de nos relacionarmos no mundo, as formas de aprender, trabalhar, tomar decisões e consumir. Todos esses aspectos da vida humana estão sendo impactados pela tecnologia. Portanto, essa mudança não é apenas tecnológica, mas também antropológica. Quem somos hoje como seres humanos é muito diferente do que éramos 300 anos atrás.

Essas mudanças tecnológicas trazem uma nova camada de análise para quem trabalha com educação. A questão não é apenas qual aplicativo ou recurso utilizar em sala de aula, mas, sim, qual educação faz sentido para o mundo tecnológico, com seus desafios de sociabilidade, trabalho, interação e construção do nosso mundo. Isso nos leva a refletir também sobre o consumo energético das tecnologias. Já estamos em um limite planetário, e precisamos criar outra lógica de produção de energia para sustentar esse desenvolvimento tecnológico.

Esse é mais um desafio para a educação: pensar além da sala de aula, qual educação faz sentido para esse mundo, para os alunos que já convivem e vivem nele, e para o mundo em que eles viverão daqui 20, 30, 70 anos. Quais atividades e relações irão desenvolver no futuro?

Resumindo, essa mudança da cultura oral-escrita para a digital é uma transformação na cultura escolar. A professora Carlota Boto, em seu livro *Cultura digital e educação*, aborda como as escolas estão mudando sua prática pedagógica e a interação com os alunos. Da pequena lousa usada pelos estudantes para treinar caligrafia, passamos ao papel e agora estamos na era dos tablets, computadores, smartphones e inteligência artificial generativa.

Essa interface toda gera uma mudança na cultura escolar e no fazer cotidiano das escolas. A forma com que organizamos os espaços, os tempos, as carteiras, a relação com o professor, com o tutor, com os colegas, tudo isso está passando por transformações. O nosso fazer docente se encontra em xeque, se encontra em desafio, porque tradicionalmente fomos educados por um tipo específico de fazer docente, de interação em sala de aula, e agora estamos nos deparando com um momento histórico diferente daquele que muitos professores viveram enquanto estudantes. Como ser professor no mundo atual?

Como trazer essas novas tecnologias sem que percamos aquilo que foi essencial para nos trazer até aqui, como, por exemplo, a empatia, o pensamento complexo e a leitura profunda? Ainda não temos respostas definitivas, pois as mudanças estão acontecendo de forma acelerada e por vezes imprevisíveis, e de fato nunca teremos respostas únicas diante da diversidade de projetos educacionais existentes. No entanto, a seguir traremos algumas considerações sobre a integração da educação com a tecnologia.

Observamos o surgimento de diversos recursos pedagógicos que, embora revestidos de aparente inovação tecnológica, representam verdadeiros retrocessos do ponto de vista pedagógico. Muitas dessas ferramentas trazem modelos de ensino baseados em concepções ultrapassadas, nas quais professores e estudantes são colocados em posições que já foram superadas pelas teorias educacionais contemporâneas. Não é aceitável que soluções tecnológicas, por mais modernas que pareçam em seu design ou funcionamento, reduzam a complexidade do processo de aprendizagem a mecanismos de recompensa e bonificação. A aprendizagem não pode estar centrada na lógica do prêmio, como se ganhar uma "estrelinha" ao final de uma tarefa fosse suficiente, mas, sim, na vivência significativa com o conhecimento, na construção de um vínculo profundo com o saber. É a relação com o conhecimento que nutri e constitui o sujeito que aprende.

Como construir soluções tecnológicas que potencializem a relação pedagógica, em vez de prejudicar o fazer docente e o processo de aprendizagem do próprio estudante?

Hoje temos um novo desafio, que é compreender o ser humano em desenvolvimento entre esse mundo orgânico e o mundo digital.

Nós, enquanto espécie, somos ávidos por nos adaptar, por entender nosso contexto, absorver o que está acontecendo ao nosso redor e criar soluções a partir disso. Por isso, criamos uma camada diferente da natureza, uma camada a mais de complexidade, que é a cultura, que alguns autores chamam de segunda natureza ou de expressão da natureza humana – já que a cultura não nos fez deixarmos de ser natureza, apenas nos faz animais culturais. Agora, com o mundo digital, trazemos mais uma nova camada, porque nesse meio abrimos mão da nossa corporeidade, criamos uma instância de diálogo para além do livro físico, para além do nosso encontro, do encontro na sala de aula, do espaço físico da escola. E, diante de todas essas alterações da realidade, a cultura escolar, sendo parte da cultura de um povo e de um período histórico, tem a obrigação de dialogar com esses objetos culturais e com esse momento. Ela não pode se ver alheia a essas discussões, isolando a escola do mundo. A questão é: como vamos desenvolver tais novidades nas nossas escolas, como faremos esse diálogo, essa interação? Vamos trazer aplicativos em algum momento? Vamos refletir sobre esses aplicativos? Vamos ter robôs? Qual será o lugar de interação? Isso também faz parte do projeto pedagógico da instituição de ensino.

Para tanto, a escola, tendo um projeto pedagógico claro, alinhado com seus docentes e com as famílias que pertencem à comunidade escolar, também terá mais clareza de como tomar essas decisões, do que faz parte ou não do seu escopo, dessa comunidade, dessas crianças, do aprender dessas crianças específicas, desse contexto. Não podemos falar de alunos genéricos, de professores genéricos, de um território genérico. A escola é sempre localizada, ela tem um lugar, um espaço físico, e suas interações acontecem com aquelas pessoas. Portanto, o tipo de relação com as tecnologias também deve levar isso em consideração.

O importante é que a escola seja o lugar seguro para aprender e se apropriar criticamente da cultura digital. Ser um lugar seguro pode significar, em algumas ocasiões, isolar temporariamente os recursos tecnológicos, para introduzi-los de forma sequencial, cuidadosa e crítica. E, ainda assim, estamos ensinando sobre cultura e mundo digital, pois esses conceitos não são de uso exclusivo de dispositivos tecnológicos plugados. Por exemplo, a partir da perspectiva do *maker*, da abordagem construcionista de Papert, que fala sobre o lugar do experimentar, de fazer com as mãos, de pensar com as mãos. Para além da complementariedade entre o papel e o mundo digital, ou qualquer outro recurso material, como papelão e materiais reciclados, esse tipo de abordagem pode trazer grandes contribuições para o aprender da cultura digital. Quando pensamos em programação desplugada, nas primeiras interações, especialmente com crianças pequenas ou em escolas com poucos recursos, essa cultura *maker* vai potencializar a aprendizagem digital, o pensamento de programação, a robótica. Essas competências podem ser desenvolvidas com outros materiais e recursos, até que, então, possamos introduzir o mundo digital.

Além disso, ao propor o desenvolvimento de competências como o pensamento computacional, a cultura e mundo digitais de forma desplugada ou plugada, reforçamos o papel da escola em garantir que os estudantes se apropriem dessas diferentes linguagens e ferramentas que moldam a sociedade contemporânea. Essa perspectiva, que traz à tona o ensino de conceitos antes restritos a cursos de Computação, está hoje incorporada à Base Nacional Comum Curricular (BNCC), que reconhece a Computação como área de conhecimento para todos os segmentos da educação básica e enfatiza uma formação crítica, criativa e ética no uso das tecnologias computacionais.

Assim, a inteligência humana, um sistema orgânico e complexo, se desenvolve a partir dessas interações com o mundo, para que possamos fazer escolhas que moldarão nosso futuro e o futuro dela mesma. Ao tomarmos decisões, individuais e coletivas, precisamos garantir que ampliemos o potencial humano, ao invés de nos reduzirmos a "seguidores" ou "caçadores de likes" na internet.

TIPOS DE TECNOLOGIA PARA EDUCAÇÃO

Quando pensamos na escola enquanto organização dentro de um sistema de ensino e na variedade de pequenas atividades que isso implica, nos vem à mente a quantidade de produtos, processos e técnicas que estão envolvidos. Para uma visão sistêmica desse tema, traremos um pequeno resumo de alguns dos recursos tecnológicos para a área de educação, cada um deles com diversas opções, marcas, valores, especificações e logística.

Quadro 2 – Tipos de recursos tecnológicos para educação

Dimensões da educação	Exemplo de recursos tecnológicos
Estudante	Cadernos, canetas, mochilas, uniformes, livros, brinquedos, celulares (para fins exclusivamente pedagógicos, já que hoje são proibidos em sala de aula para uso pessoal), tablets, laptops, aplicativos, jogos digitais, podcasts, e-books, IA generativa, internet.
Professores	Planos de aula, material didático, e-mails, drive, repositórios, ferramentas de avaliação, computador, cadernos, canetas, software para criação de conteúdo, internet, livros, IA generativa.
Infraestrutura escolar	Cadeiras, mesas, armários, cortinas, quadro branco, lousas digitais, projetores, ventiladores, ar-condicionado, luminárias, modem de internet e roteador para Wi-Fi, livros, jogos, murais, materiais de artes, de educação física, de ciências, *maker*, robótica, notebooks, impressora, dispositivos de segurança, hortas, espaços de convivência, banheiros e alimentação.
Gestão escolar	Provedor de hospedagem para o site institucional, servidor, redes sociais, newsletters, aplicativos de comunicação com alunos e/ou famílias, plataformas de comunicação interna, softwares de contabilidade, sistemas de pagamento, livros contábeis, planilhas, documentos fiscais, sistemas de gestão de documentos jurídicos, assinatura eletrônica, contratos e protocolos, sistemas de folha de pagamento.
Secretaria acadêmica	Sistemas de gestão acadêmica, arquivos físicos, diários de classe, fichas cadastrais.
Rede de ensino	Plataformas de gestão educacional, alimentação, uniformes, insumos, bens, sistema para contratação, sistemas integrados de dados, plataformas de formação, ambientes colaborativos, equipamentos audiovisuais, softwares para trabalhos administrativos e de criação de conteúdos, comunicação, armazenamento e proteção de dados.

Apesar da visão de alguns autores de que tecnologia educacional se restringe às tecnologias envolvendo o processo de ensino e aprendizagem, é importante compreendermos que tudo que envolve a escola é educacional. As áreas administrativas, envolvendo comunicação, gestão de pessoas, finanças, estão direta ou indiretamente compondo a experiência daqueles estudantes e, portanto, o currículo real desenvolvido por aquela instituição. A visão que as famílias têm da escola, a diversidade de alunos que compõem o corpo discente, o tipo de recursos a que têm acesso, a diversidade e qualidade do corpo docente, a formação em serviço dos professores, a organização pedagógica, os problemas e desafios que a instituição enfrenta para se auto-organizar, tudo isso está diretamente relacionado ao projeto pedagógico e, portanto, com consequências acadêmicas. Essa é uma das razões dos diretores das escolas serem pedagogos e não qualquer outro profissional, porque a decisão máxima em uma instituição de ensino deve ser de cunho educacional.

Faremos uma distinção para nos auxiliar nessa análise separando as atividades-meio, ou seja, que apoiam e auxiliam, viabilizam que a atividade-fim aconteça, ou seja, a aprendizagem. Teríamos, então, dentro das tecnologias educacionais, as tecnologias pedagógicas (de ensino-aprendizagem ou usadas também com essa finalidade) e as tecnologias de gestão educacional envolvendo coordenação acadêmica, orientação pedagógica, secretaria, comunicação, jurídico, financeiro, gestão de pessoas, infraestrutura, direção escolar, supervisão de ensino, formação de professores, gestão das redes etc. lembrando também das particularidades de cada escola, aqui especificamente a diferença entre escolas públicas e escolas particulares, mesmo que sem fins lucrativos, mas cuja forma de gestão se diferencia muito, inclusive em termos legais, daquelas pertencentes à administração pública.

Vamos nos aprofundar, então, nas atividades envolvendo as tecnologias pedagógicas. Elas podem ser divididas em:

- Conteúdos: materiais impressos ou digitais, áudio, vídeos, jogos ou exercícios que possuam informações, conhecimentos, instruções, questões reflexivas que estimulem a aprendizagem por parte do estudante
- Ferramentas: são recursos que apoiam, sistematizam, facilitam, organizam alguma atividade pedagógica, como a lousa, os cadernos, os softwares que permitem aos professores prepararem suas aulas.

Alguns recursos não têm uma diferença clara, como os livros, que podem ser os próprios conteúdos, mas que também poderiam ser usados como ferramentas pedagógicas para a preparação de uma aula por parte do professor. O inverso também é verdadeiro: se, ao invés de usar uma plataforma para criação de slides para o professor apresentar em aula, ele a utiliza para ensinar os alunos a prepararem apresentações, ela se torna o objeto de conhecimento. Ou seja, essa divisão é apenas para entendermos o que é o objeto em si da aprendizagem e o que aporta no processo, dependendo mais do uso que damos a cada um deles. O que torna a educação bonita e complexa é justamente esse caráter inseparável da forma-conteúdo, da relação meio-mensagem, do objeto e dos significados que damos a cada objeto. Apresentar um mesmo conceito por meio de um desenho na lousa é diferente de trazer uma ilustração no slide, que é diferente de ver um vídeo, que é diferente de ver em uma realidade aumentada, que é diferente de ver em um microscópio, que é diferente de ver em uma carta de um jogo, que é diferente de ver em um cartaz em uma exposição no museu, que é diferente de ver na realidade em uma saída pedagógica. Diferentes suportes, ferramentas, instrumentos, tecnologias para um mesmo conceito mudam completamente a relação do aluno com esse conhecimento. São muitas coisas que podem estar por trás da decisão de qual dessas ferramentas utilizar para cada situação pedagógica, desde questões objetivas como disponibilidade dos recursos, tempo, logística até o repertório do professor. O que mais deve guiar essa escolha é a intencionalidade pedagógica, é a compreensão das várias camadas de análise por parte do educador que sabe o que será mais significativo para aquela faixa etária, naquele contexto, diante dos interesses daqueles alunos, naquele momento do semestre, com aquela duração de aulas e recursos disponíveis, dentro da sequência didática e do projeto pedagógico que orientam aquela tomada de decisão.

Nessa perspectiva, fica claro que o que deve pautar a escolha dos recursos tecnológicos que irão compor o espaço escolar não é algo externo à escola, como publicidade das empresas, compra coletiva por parte de uma rede ou desejo das famílias, mas sim o projeto pedagógico. Ele é o orientador das ações no interior da escola, é quem articula em um planejamento coletivo os anseios da comunidade, as mudanças sociais, o avanço científico da área de educação, e realiza conscientemente as mudanças em seus objetivos e métodos pedagógicos. A inovação educacional, por meio da incorporação de novas tecnologias, deve ser consciente, tanto para incorporar as inovações a serviço da aprendizagem quanto para atualizar sua instituição do ponto de vista administrativo e pedagógico para ser uma instituição do seu tempo. Distinguir quais são esses recursos e processos que dialogam com seu projeto e cultura é fundamental, pois diferentemente de outras inovações que partem de concepções, essa inovação é de cunho prático, material, imersa em um mercado educacional de venda de produtos e soluções que pressionam as escolas e os professores, exigindo maior atenção e parcimônia para entender o que é ou não significativo para nossa comunidade escolar.

Isso significa que há escolas mais alinhadas com a incorporação de tecnologias, que são vanguarda no uso de recursos digitais, exploram ferramentas e trazem novas perspectivas para usos pedagógicos. Há escolas que serão bem seletivas em relação a quais recursos adotar e quais não, enquanto outras, já tão estruturadas em suas práticas, seguirão por muitos anos sem mudanças significativas em seus recursos e ambientes, sendo inclusive apoiadas pelas famílias em suas posturas mais conservadoras quanto à adoção de tecnologias.

A escolha por parte da escola de qual conteúdo ou ferramenta faz mais ou menos sentido pode ser pautada, por exemplo, em como cada um deles se estrutura em relação à complexidade e criticidade dos conteúdos e em relação às metodologias que estão por trás de cada ferramenta. Algumas delas não permitem que façamos diferentes usos, como um livro que pode ser utilizado de maneira individual ou coletivamente em classe, de forma orientada ou espontânea, com diferentes níveis de profundidade e criticidade, permitindo que o professor modele tudo isso. Existem jogos eletrônicos, por exemplo, que possuem um caminho único, só podem ser jogados por uma pessoa, aqueles que os conteúdos são rasos e a lógica é de premiação. Essas atividades fechadas permitem aderência de um pequeno grupo de projetos pedagógicos. Podemos ter ferramentas que deixam os estudantes passivos, outras que os deixam reflexivos, outras que sejam interativas, outras ainda que os permitam ser criativos e autorais. Cabe à escola e ao professor selecionar as que dialogam com seus projetos e perspectivas educacionais.

Destacaria ainda algumas questões correlacionadas a essa temática que não poderiam ficar alheias a educadores críticos e conscientes dos desafios de seu tempo:

- Como esses conteúdos e ferramentas lidam com a diversidade de alunos?
- Como as questões étnico-raciais aparecem?
- Como as questões de gênero aparecem?
- Qual o impacto ambiental dessas novas tecnologias?
- Qual o impacto social dessas novas tecnologias?
- Por que transformar essa atividade/ação por meio de uma tecnologia?

- Como lidam com direitos e proteções da infância?
- Como lidam com dados e informações pessoais dos usuários?
- Quem cria essas tecnologias, com quais finalidades e para quais públicos?
- Quem define o que deve ser aprendido e como se deve aprender sobre esse conteúdo/habilidade?
- Qual(is) a(s) fonte(s) de conhecimento? Como se reconhecem os direitos autorias?
- Envolve fluxos financeiros? Quem está pagando e quem está recebendo pelo quê?
- Quem faz a governança dessa tecnologia? Há conselho ético?
- Na relação com elas, nos humanizamos ou nos objetificamos?

RESUMO

Ao longo deste capítulo compreendemos que tecnologia é todo instrumento e ferramenta que nos auxiliam na execução de alguma atividade, sendo a linguagem a mais importante e revolucionária de todas, pois ela estrutura nossa mente e nossas relações no mundo. Entendemos que tecnologias educacionais são os instrumentos que auxiliam o fazer pedagógico, sejam eles ligados diretamente ao processo de ensino e aprendizagem, sejam ligados a outras esferas da educação, colaborando para a comunicação entre famílias, gestão do sistema de ensino, organização da vida da escola.

A história da tecnologia educacional nos mostra que, para cada novo recurso criado, uma nova possibilidade de interação surgia a partir dele, tendo sido a invenção e popularização do papel um dos mais importantes recursos até hoje para a escolarização. Já as tecnologias digitais estão chegando na escola desde o século passado, mas de forma bastante desigual entre as diversas instituições de ensino do mundo. Associamos muitas vezes o termo *inovação* a novas tecnologias, o que não é errado, mas, como veremos em outro capítulo, trata-se apenas de uma das possibilidades de inovação. Novos recursos trazem novas experiências, novas formas de aprender, novas formas de se relacionar com o conteúdo, com os colegas, com o professor. Por isso a decisão de quais tecnologias utilizar em cada situação pedagógica deve ser do professor, que tem a intencionalidade pedagógica para tomar a melhor decisão diante do seu grupo de alunos, do contexto e do projeto pedagógico da escola.

A escola é parte de uma cultura cujas crianças já são participantes ativas, ao mesmo tempo que se preparam para atuar profissionalmente em um mundo que ainda não existe, mas que terá novos desafios e novas formas de vida, com novos recursos tecnológicos para os quais devem estar capacitadas. Quais as estratégias para melhor cuidar, preparar e nutrir essas crianças para que possam se desenvolver plenamente nesse mundo e para esse mundo, cabe a nós decidir.

O que é inovação na educação

Ao longo deste capítulo, buscaremos compreender:

- A definição de inovação e de inovação educacional.
- A complexidade que existe em torno dos processos de inovação.
- Os tipos e as tendências da inovação educacional.

Minhas histórias de escola

Quando eu estava na 7ª série (atual 8º ano), uma professora levou uma atividade para a turma: escrever a diferença entre ser diferente e fazer a diferença. Aquilo me inquietou tanto que passei a semana entrevistando minha família para saber o que cada um pensava – na época não existia internet, então esse era um dos recursos que eu mais usava, mas lembro também de ter procurado no dicionário, um pequeno livro amassado que eu levava na mochila. Escrevi, então, minhas ideias no papel, algo que girava em torno de fazer coisas diferentes e usar roupas diferentes, como aquela professora usava, mas que não necessariamente seria algo que faria diferença, pois isso estaria ligado a fazer algo por alguém, algo que mudaria uma situação. Na aula seguinte acabamos vendo apenas algumas respostas dos colegas, sem avançar tanto na proposta, mas levei comigo essa inquietação.

Quando fui para o 1º ano do ensino médio, meu professor de Geografia começou o curso com o "Mito da caverna", de Platão. Eu fiquei completamente absorta por suas aulas desde então. A sensação era de ter encontrado a pessoa mais inteligente do mundo. Ele propôs que fizéssemos uma pesquisa sobre um tema de nosso interesse e, a partir disso, uma dissertação. Resolvi levar minha inquietação sobre ser diferente e fazer a diferença para um grupo de adolescentes que eu tinha conhecido na cidade do interior em que minha avó morava. Eles eram anarquistas, contrários a qualquer tipo de dominação institucional e hierarquizada, e entendi que para fazer a diferença em alguma medida também precisaríamos ser diferentes, fosse em nossa forma de expressão no mundo, fosse por nossas ideias. O resultado da minha pesquisa era que ser diferente pode ser difícil, às vezes é malvisto, mas que, se isso fizer a diferença para alguém ou para o mundo, se justificaria. Meu professor adorou meu trabalho, escreveu uma devolutiva grande que me provocou a seguir pensando e querendo aprender tudo que ele me ensinava. Me convidou para ser sua monitora, e essa foi minha primeira experiência profissional e minha primeira experiência como professora. Esse professor, que não tinha nada de diferente em sua forma de se vestir, mas sim em seus pensamentos, certamente fez muita diferença na minha vida.

Você já sentiu que fez a diferença em alguma situação? Quando você vê alguma coisa diferente, que sentimentos e pensamentos te geram? Como você lida com mudanças e novidades?

INOVAÇÃO EDUCACIONAL: UM CONCEITO POLISSÊMICO

Quando pensamos em inovação, muitas vezes nos vêm à mente processos tecnológicos e de melhoria, correto? De fato, a inovação, especialmente hoje em dia, está associada a essas ideias, mas é importante entendermos que ela não se restringe a isso. A visão que tivermos de inovação pode determinar os próprios rumos da educação, então é importante que nos aprofundemos nesse conceito.

Quando achamos que as mudanças são sempre para melhores, estamos sustentando uma visão progressista da humanidade, mas a História nos mostra que existem avanços e também retrocessos, que não estamos evoluindo em uma linha ascendente desde os neandertais até a inteligência artificial.

Uma primeira pergunta que podemos nos fazer frente a situações de mudança é: isso é melhor para quem? Quando entendemos que existem grupos e contextos variados que podem ou não estar se beneficiando dessa mudança, já trazemos algum nível de complexidade para pensarmos a inovação. Ignorarmos os diferentes impactos das ideias e dos projetos que estão sendo propostos pode colocar em risco a própria inovação. Uma nova metodologia ou um novo equipamento para ser usado em aulas pode ser interessante para o processo de aprendizagem de alguns alunos, talvez nem todos, pode colaborar com o trabalho de alguns professores. Mas, dependendo da área, da visão de mundo ou mesmo das habilidades desses professores que farão uso desses novos recursos, essa mudança pode ser vista como muito negativa. Então, sempre que vamos analisar processos de inovação, precisamos ter uma visão sistêmica e empática. Sistêmica porque precisamos conseguir ter uma leitura do conjunto de todos os envolvidos naquela prática social, entender quem são as pessoas direta e indiretamente envolvidas para compreender o que pode mudar para cada uma delas. Empática porque precisamos considerar que cada grupo ou sujeito possui uma história e uma justificativa para fazer as coisas como fazem, compreender o que sustenta essas ações também nos ajuda a entender o que facilitará ou dificultará a inovação naquele contexto. Chamo ainda a atenção para o fato de que quando pensamos nos impactos da inovação não é só de pessoas que estamos falando, devemos considerar também os demais seres vivos, a Terra, a cultura, a dimensão tangível e intangível. A IA generativa, por exemplo, que foi um grande avanço tecnológico com potencial de beneficiar muitas áreas, como a Medicina, ao mesmo tempo pode gerar uma onda de desemprego, um consumo energético que nosso planeta não suporta, uma série de problemas éticos com relação a direitos autorais, proteção de dados, racismo algorítmico e um possível déficit cognitivo para os estudantes. Ou seja, as inovações são complexas e trazem diferentes desafios para as várias esferas da vida na Terra. Dessa reflexão, temos então que inovação não é necessariamente melhoria – pois seus efeitos podem ser diferentes para cada agente e contexto envolvidos – e inovação é um processo complexo de transformação, que deve ser analisada de forma sistêmica.

Uma segunda pergunta que podemos nos fazer é: inovação é sempre ligada a uma nova tecnologia? Aqui a resposta seria: depende do seu conceito de tecnologia. Quando pensamos que um professor poderia fazer uma aula de um jeito diferente, partindo de perguntas e dialogando com seus alunos sobre um tema, por exemplo, ao invés de explicações prontas em slides, aparentemente ele estaria usando menos tecnologia do que na situação em que precisa de um computador, de um projetor e do software para criar os slides, certo? De fato, esse professor não está usando recursos tecnológicos digitais, mas está usando uma metodologia avançada e complexa baseada em uma ciência humana chamada Pedagogia. Essa metodologia também pode ser considerada uma técnica, uma tecnologia educacional que ajuda o professor a atingir seus objetivos pedagógicos, possivelmente de maneira melhor do que quando se usa tecnologia digital mais avançada e uma visão ultrapassada de educação. Então, inovação pode ser, sim, associada a introdução ou mudança de tecnologia, mas quando compreendida de forma bastante ampla, incluindo as tecnologias materiais, educacionais, sociais, digitais etc.

O termo *inovação* vem sendo bastante utilizado na área educacional desde 1960, mas ele se referia a propostas implementadas de cima para baixo, que homogeneizavam a inovação. Apenas na década de 1990 o termo passou a ser adotado também para processos diversos e autogerados, e nos anos 2000 passou a ser aberto e vinculado a diferentes contextos. Apesar dessas variações ao longo do tempo, o conceito parece ser empregado, na maioria das vezes, como um fim em si mesmo, como uma solução para problemas complexos e estruturais da educação, resumido em frases como "é preciso inovar na educação" ou "essa é uma proposta inovadora".

Mudança e inovação são conceitos com semelhanças e diferenças. Enquanto mudança traz um aspecto mais amplo de que algo pode ser diferente, a inovação traz mais forte o atributo de novidade e de melhoria, ideia já problematizada aqui. Portanto, ambos os conceitos são muito próximos em nossa perspectiva, especialmente quando pensamos nos impactos que existem nos processos de mudança. Para alguns, é ameaçador; para outros, estimulante. Mas sempre é um processo que nos distancia do modo como já trabalhamos e que por isso muda a forma como sentimos, pensamos e nos comportamos. Esse desconforto gera incertezas, conflitos, ansiedade, que é parte do processo de mudança e inovação. A diferença entre os termos está, sim, no aspecto da incorporação de algo novo em comparação ao que é hegemônico ou tradicional, mas seu uso cotidiano certamente revela a disputa discursiva que quer reforçar que a mudança é algo positivo, uma melhoria, uma superação de algo que está obsoleto, pressupostos que não são objetivos, mas, sim, carregados de interpretações, valores e visões de mundo.

Por essa explanação, já se evidencia também que o conceito de inovação deste livro não se refere a processos que são privilégio de alguns poucos, mas sim à possibilidade de ação de qualquer sujeito. Tal concepção se contrapõe a outro grande grupo de teóricos que associa o conceito de inovação à escala. Dessa maneira, inovação na educação acabaria limitando-se às mudanças ligadas ao sistema, excluindo as provocadas por professores, gestores escolares, famílias ou sociedade, que desenvolvem práticas formais ou informais.

Cabe aqui uma distinção entre ação e prática social: enquanto a ação é pontual e individual, a prática social refere-se à cristalização dessa ação, isto é, à constituição de estruturas de comunicação e acordos que organizam e sustentam determinado modo de agir. Assim, a prática social expressa um padrão de comportamento, individual ou coletivo, com certa permanência, ainda que sujeita a transformações ao longo do tempo.

Isso significa que nem toda novidade é, por si só, uma inovação. Algo inovador pode ser uma ideia original, criativa e diferente do habitual, como uma nova técnica de ensino criada por um professor de Matemática para facilitar a aprendizagem de seus alunos. Essa proposta, por mais interessante e promissora que seja, ainda é apenas um traço de inovação: ela carrega o potencial de transformar, mas ainda não se efetivou como uma mudança consolidada. Nesse estágio, estamos diante de algo novo, mas não necessariamente de uma inovação.

A inovação, por sua vez, é um processo que exige a aplicação, a adaptação ao contexto, a avaliação de seus efeitos e o reconhecimento por parte dos envolvidos. No exemplo do professor, a técnica só se torna uma inovação educacional quando começa a ser incorporada por outros docentes, discutida em espaços formativos, ajustada com base em experiências reais e, principalmente, quando demonstra produzir transformações positivas no ensino e na aprendizagem segundo os objetivos daqueles professores. Ou seja, uma ideia inovadora torna-se inovação quando passa a gerar impacto concreto e se insere de forma significativa em uma prática coletiva, ainda que seja de um pequeno grupo.

Por isso, toda mudança tem início com o indivíduo. A questão central está em como articular a dimensão individual com a social, bem como com as mudanças que ocorrem na escola e nos sistemas educacionais, apontando que a relação entre essas três esferas de mudança (sala de aula, escola e sistema) constitui um dos temas mais relevantes para o processo de inovação.

O sociólogo português Rui Canário amplia essa discussão sobre os agentes proponentes das inovações fazendo uma distinção terminológica entre mudanças baseadas na lógica da reforma e aquelas baseadas na lógica da inovação. Argumenta que os processos de mudança na educação enfrentam uma dupla ineficácia: as reformas impostas de forma centralizada raramente resultam em transformações profundas e duradouras, enquanto as inovações surgidas nas escolas tendem a permanecer marginais e têm dificuldade em se disseminar no sistema educacional. Essa ineficácia decorre do desencontro entre duas lógicas distintas de mudança: a lógica da reforma, caracterizada por decisões centralizadas e exógenas às escolas, e a lógica da inovação, marcada por iniciativas internas às instituições escolares, nas quais quem concebe, decide e executa está mais diretamente envolvido no processo.

Na mesma linha, o professor Elie Ghanem, pesquisador brasileiro sobre esse tema, também faz a distinção entre a inovação educacional e a ação reformadora de governantes. Segundo ele, a mudança educacional deve resultar da convergência entre duas lógicas distintas de ação: a da inovação e a da reforma educacional. A lógica da inovação está associada a práticas locais, geralmente internas, desenvolvidas por educadores com alto grau de voluntarismo, mas que tendem a ser fragmentadas, de baixa visibilidade e pouco duráveis. Já a lógica da reforma envolve ações planejadas externamente, em geral por instâncias estatais ou acadêmicas, com maior alcance, homogeneidade e apoio institucional. Ghanem ressalta que nenhuma dessas abordagens deve ser considerada positiva ou negativa por si só, sendo necessário analisar criticamente os efeitos concretos de cada uma.

A essas esclarecedoras definições, acrescentamos um dado que dá outra dinâmica para a dicotomia reforma-inovação: o que presenciamos atualmente no Brasil é um elevado envolvimento de fundações e institutos nessa dinâmica. Diferentemente da lógica da reforma, elas não impõem mudanças às escolas e, diferentemente da lógica de inovação, elas apresentam propostas externas às escolas. Essas instituições criam projetos e os oferecem às escolas e redes de ensino, as quais, tendo interesse, solicitam a parceria. Há também apoio técnico aos projetos das próprias secretarias, disponibilizando recursos, pessoas e repertório teórico e de implementação dos institutos. Essas propostas parecem integrar a lógica da inovação e da reforma, potencializando que, de fato, a mudança aconteça quando partem do interesse daqueles que a executam, sendo também abrangentes e com maior visibilidade. Porém, muitas delas seguem separando o sujeito executor da escola (professores e gestores) do processo de criação de soluções para suas próprias realidades, fazendo com que se pareçam mais com as reformas de governo.

Em função dessas várias possibilidades de interação, não faremos uma distinção terminológica entre os conceitos de reforma e inovação, mas analisaremos cada caso, entendendo as dinâmicas envolvidas e os agentes que concebem e executam os processos de inovação.

Assim, partiremos da seguinte definição para o conceito de inovação educacional:

Inovação educacional é um processo intencional de mudança desenvolvida por uma pessoa, grupo ou sociedade, que estabelece uma nova prática social em contextos ou relações educacionais.

Esta definição carrega uma série de elementos que precisam ser bem compreendidos:

a. A inovação na educação é um processo, e não um acontecimento pontual, tem fases e duração.
b. Trata-se de um processo relativo à educação (inerente aos seres humanos), e não apenas à escolarização (restrita ao sistema de ensino), abrangendo diferentes contextos e esferas. Ou seja, se o modo hegemônico de educarmos as crianças atualmente é a escola tradicional, uma comunidade de aprendizagem que transcenda a própria escola pode ser considerada inovação.
c. Associa-se inovação a mudança e não a melhoria, ou seja, não há necessariamente uma carga valorativa, uma vez que muitas propostas inovadoras estão atreladas a outros objetivos para a educação, e não apenas a melhores práticas, isto é, seu valor é relativo de acordo com os diferentes grupos sociais. Essa associação requer que compreendamos também a inovação como um processo de mudança de *habitus*, que envolve, portanto, perdas, conflitos, rupturas, novos acordos etc. Ainda que para os proponentes da inovação ela seja positiva, cabe-nos olhar de forma sistêmica os efeitos que ela gera.
d. Pais, famílias, professores, organizações da sociedade civil, escolas, órgãos internacionais, empresas e governos podem ser agentes de inovação, propondo novas práticas em diferentes instâncias, as quais podem ser relativas a metodologias, a objetivos, a recursos utilizados, entre outros;
e. As pessoas proponentes da inovação têm como intenção a alteração de certa prática social. Portanto, deve ser considerada a partir do contexto em que a prática acontece. Nesse sentido, não podemos afirmar que algo é inovador de forma genérica, isto é, o adjetivo

inovador deve vir acompanhado de um tempo e de um lugar. Uma prática pode ter sido inovadora em Minas Gerais no século XIX e ser algo comum nos dias de hoje para as escolas de todo país, uma grande inovação nas escolas de São Paulo pode ser algo cotidiano nas escolas finlandesas. É o contexto da prática que dirá se algo é inovador. Mas é importante que seja uma prática social, e não apenas uma ação isolada. Ou seja, um conjunto de ações que, ao serem sistematizadas e compartilhadas, são reconhecidas como contribuições para a superação de um desafio comum, passando a ser adotadas por aquele grupo de pessoas.

f. Apesar de ser contextualizada, se tivermos que considerar o que seria inovação educacional de forma geral, faríamos o contraponto à escola tradicional, definida por seus invariantes de tempo e espaço fragmentados e relações de poder e saber hierárquicas e predefinidas. Como esse seria o modelo hegemônico, a contraposição a essa escola clássica seria uma possível forma de se considerar que estamos diante de incorporação de novas práticas sociais.

GATILHOS PARA MUDANÇA

Quando falamos de instituições sociais, como escolas, empresas, igrejas, famílias, estamos falando de agrupamentos humanos dentro de contextos culturais específicos que ajudam a sociedade a se regular e se manter coesa. Por essa razão, as instituições costumam ser tradicionais e não revolucionárias. Porém, do mesmo modo que os seres vivos estão em relação simbiótica, de codependência, entre si e seu meio ambiente, trocando elementos e se adaptando a possíveis mudanças, as instituições sociais também estão em relação com a cultura. Os contextos culturais dinâmicos fazem com que toda instituição precise ir se adaptando a essas mudanças, às vezes sutis, às vezes drásticas, como foi a pandemia.

Um importante estudioso de mudanças setoriais, Michael Porter, identificou que são três os possíveis gatilhos para grandes mudanças acontecerem:

- Mudanças na legislação – quando as regras que estabelecem um setor mudam. Na educação, poderíamos citar a BNCC, que, além de orientar os currículos, introduziu as competências gerais e conteúdos novos como a Computação; ou mesmo a lei que regulamentaria a educação domiciliar e que mudaria completamente a estrutura do setor.

- Mudanças no perfil do público – qualquer segmento sofreria os impactos de mudanças de interesse de seu público, porém, no caso da educação, estamos falando de um processo de longa duração, que não envolve apenas as crianças, mas também as famílias. As mudanças geracionais aceleradas, que estamos nomeando de geração X, Y, Z, alpha e agora a beta, marcam mudanças importantes e novos desafios para a educação.
- Mudanças tecnológicas – a introdução de novas tecnologias transforma diversos setores de forma rápida e muitas vezes disruptiva. Na educação, poderíamos citar a entrada dos computadores e da internet na vida dos professores e estudantes como uma grande mudança. Mas agora com a IA generativa é difícil até prever os efeitos dessa revolução cognitiva, que mudará a compreensão que temos da mente humana. Estamos começando a presenciar novos desafios, que sugerem outros modos de ensino e aprendizagem, assim como novas formas de relação entre educando e educador.

Pela abordagem de Porter, um desses gatilhos já seria suficiente para uma reconfiguração do setor, mas na área educacional vemos que os três gatilhos estão operando simultaneamente. A principal questão é: como viabilizar que as mudanças que estão se ampliando sejam direcionadas para a superação das desigualdades, para a sustentabilidade e para o bem-estar, em vez de reforçarem nossos desafios históricos?

TIPOS DE INOVAÇÃO EDUCACIONAL

São muitas e variadas as alternativas educacionais que se contrapõem ao modelo da escola tradicional hegemônica. Em uma tentativa de sistematização dessas experiências, apresentaremos alguns estudos que agruparam essas múltiplas abordagens por metodologias e pelo propósito que a educação assume diante da sociedade. Vale destacar que se trata de interpretações dessas práticas e que toda tentativa de agrupamento é simplista diante da riqueza que cada perspectiva prática e teórica apresentou em sua época e contexto.

Comecemos pelo estudo de Libâneo da década de 1980, que identificou algumas características dessas práticas pedagógicas, categorizando-as de acordo com seu perfil político-metodológico. Nessa perspectiva, as abordagens seriam:

LIBERAIS

- Pedagogia tradicional;
- Pedagogia Renovada – valoriza a autoeducação e foco no aluno, abarcando, na intepretação dos autores, o escola-novismo e o construtivismo;
- Pedagogia Não Diretiva – foca na autorrealização e desenvolvimento pessoal, baseado em Carl Rogers;
- Pedagogia Tecnicista – compreende o homem como recurso-humano e seus conteúdos são acadêmicos e comportamentais, baseados na psicologia, em especial nos comportamentalistas (que hoje poderíamos associar também à neurociência).

PROGRESSISTAS

- Pedagogia Libertadora – baseada na teoria de Paulo Freire, cujo centro é o diálogo e a problematização;
- Pedagogia Libertária – baseada na autogestão pedagógica, valorizando o processo de aprendizagem em grupo;
- Pedagogia Crítico-social – representada por Saviani, tem como centro a difusão de conteúdos contextualizados, visando preparar os estudantes para a participação na vida em sociedade a partir da democratização do ensino para as camadas populares.

Outro estudo que categorizou as várias teorias pedagógicas foi o do Centro de Investigação em Teorias e Práticas de Superação de Desigualdades da Universidade de Barcelona. Para esse grupo, as três principais abordagens da educação são: tradicional, construtivista e dialógica.

- Tradicional – o foco está no professor, responsável pela transmissão do conhecimento aos alunos. O objetivo é a assimilação e a acumulação de informações, sustentadas pelas teorias comportamentalistas.
- Construtivista – defende a ação do estudante como o centro do processo de aprendizagem, sendo seus conhecimentos prévios a base para a construção de significados, carecendo de uma adaptação curricular para cada contexto e criança, o que, na visão dos autores, não permite a superação das desigualdades sociais.
- Dialógica – baseada na interação entre alunos, professores e comunidade escolar, considerando seu contexto, mas tendo clareza dos

objetivos que se quer alcançar, que não se alteram em função dos conhecimentos prévios dos estudantes.

Vale observar que Piaget via a interação como o meio fundamental para a construção do conhecimento – visão que deu origem ao construtivismo – e propôs os estágios do desenvolvimento infantil, mas não considerava o contexto sociocultural em suas análises, como o fez Vygotsky. A diferenciação dos objetivos pedagógicos conforme a abordagem adotada pelas escolas é uma construção posterior, desenvolvida pelas instituições educacionais, e não algo explicitamente proposto pela teoria piagetiana. Pelo contrário, as atuais correntes piagetianas, desenvolvidas especialmente no Brasil pelos professores da Unesp, associaram a teoria do psicólogo à de Paulo Freire, libertadora, evidenciando a complementariedade de ambas. Assim, trouxeram para a abordagem construtivista, que fundamenta o processo de aprendizagem, a compreensão de mundo freiriana, evidenciando o caráter político inerente à educação. Ou seja, passam a integrar em uma teoria duas abordagens tidas como contrárias, superando possíveis limites para estabelecer novos paradigmas para a ação pedagógica.

Já a professora Mari Regina Anastacio, nos anos 2000, compreende que a superação desses limites deve acontecer na atualidade também como resposta ao pensamento fragmentado que justamente se critica da escola tradicional. Para a autora, a vertente que se contrapôs à educação tradicional no século XX é a escola-novista/humanista, mas agora a oposição se daria pela abordagem sistêmica. Esta é baseada nas teorias da complexidade, em que o estudante é considerado em suas múltiplas dimensões (física, mental, emocional, relacional, espiritual e social), contextualizando o processo educativo na realidade em que ele se insere, compreendendo que a aprendizagem acontece a partir do diálogo, da problematização, das relações e vivências.

- Observamos três grandes agrupamentos das experiências inovadoras conforme seus objetivos: foco no processo de ensino-aprendizagem – garantir que os alunos permaneçam na escola e tenham melhores resultados, buscando propostas que visam a processos mais eficientes ou tornem mais atrativo o aprendizado, o que até pode gerar algum nível de mobilidade social para alguns indivíduos, mas não a mudança das estruturas sociais.

- Casos de transformação – criação de comunidades e projetos diferenciados que impactam a vida dos que estão direta ou indiretamente envolvidos, podendo gerar uma mudança naquele contexto, mas sem que isso se reverta diretamente em mudanças sociais mais amplas.
- Mudança social – por meio do estabelecimento de novas relações de saber, poder e formas de organização, criam-se soluções sistêmicas que mudam as perspectivas da educação, da escolarização e da sociedade. Por exemplo, propostas que buscam a ressignificação de alguns conteúdos, relações democráticas e a participação de novos atores.

As inovações focadas na aprendizagem que trazem contribuições reais para a área são possíveis de serem incorporadas pelas escolas em maior ou menor grau. Projetos e iniciativas pontuais, como a história nos revela, sempre existirão independentemente do contexto e momento histórico, estando na mídia ou no anonimato. Mas projetos que buscam uma mudança social pela educação seguem com as mesmas dificuldades históricas. Esses projetos de educação divergentes da escola hegemônica, em última instância, questionam a própria fragmentação dos tempos, espaços e saberes, bem como a relação hierárquica e disciplinar das estruturas burocráticas que caracterizam a escola tradicional. As propostas que rompem com esses estruturantes da forma escolar rompem também com uma visão de ser humano que se reduz à produção e ao consumo, rompendo, assim, com as bases do próprio capitalismo. Formam sujeitos conscientes de seu contexto histórico-cultural e com mais autonomia. Não se trata de mudar a escola, mas, sim, de mudar as estruturas que caracterizam o modo de vida dessa sociedade, desafio grande demais para iniciativas isoladas. Mudança sistêmica significa integrar esforços do passado e do presente, teóricos e práticos, para construir uma inteligência coletiva que supere as desigualdades sociais e crie novas formas de convivência a partir de novas tecnologias sociais.

TENDÊNCIAS DA INOVAÇÃO EDUCACIONAL

São muitos os autores que reconhecem o atual momento como um período de transformação profunda.

A Unesco já se dedica à reflexão sobre a educação do futuro há alguns anos. O Relatório Delors, publicado pela primeira vez em 1996, apresentou os quatro pilares da educação contemporânea: aprender a ser, aprender a fazer, aprender a viver juntos e aprender a conhecer. Já o bem difundido trabalho de Edgar Morin, *Os sete saberes necessários para a educação do futuro*, publicado na virada do século XXI, amplia os quatro pilares, trazendo como saberes necessários: compreender os erros e a ilusão inerentes ao processo do conhecimento; trabalhar com conhecimentos pertinentes; ensinar a condição humana; ensinar a identidade terrena; enfrentar as incertezas; ensinar a compreensão; ensinar a ética do gênero humano. Já o relatório de 2022, coordenado por Nòvoa, diz: "Reimaginar nossos futuros juntos: um novo contrato social para a educação", e apresenta cinco propostas para renovar a educação: a) que a pedagogia seja pautada pelos princípios de cooperação, colaboração e solidariedade; b) os currículos devem enfatizar a aprendizagem ecológica, intercultural e interdisciplinar; c) os professores devem ser reconhecidos por seu trabalho como produtores de conhecimento e figuras fundamentais na transformação educacional e social; d) as escolas devem ser espaços educacionais protegidos, uma vez que apoiam a inclusão, a equidade e o bem-estar individual e coletivo; e) deve-se aproveitar e ampliar as oportunidades educacionais que surgem ao longo da vida e nos diferentes espaços culturais e sociais.

O professor da Universidade de Lisboa João Barroso, por sua vez, propõe que a transformação na escola seja profunda e abarque as quatro dimensões de mudança (política, cultural, pedagógica e de gestão) para que de fato se consolide como uma mudança institucional. As ideias do autor são sintetizadas no quadro a seguir:

Quadro 3 – Dimensões da mudança da escola

Lógica da escola	Lógica proposta pelo autor
De uma lógica estatal	a uma lógica comunitária
De uma lógica da dependência	a uma lógica da autonomia
Da escola como objeto técnico	à escola como lugar político
De uma cultura da subordinação	a uma cultura da implicação
De uma cultura de isolamento	a uma cultura de parceria
De uma cultura da homogeneidade	a uma cultura da diversidade
Do ensinar a muitos como se fossem um só	ao ensinar a todos como sendo cada um
Do império dos programas	à flexibilidade dos currículos
Da escola de ensinar	à escola de aprender
De uma gestão pela estrutura	a uma gestão pela cultura

Fonte: Elaboração da autora com base em Barroso (2001).

Um estudo da Organização para a Cooperação e Desenvolvimento Econômico (OCDE), de abrangência internacional, chamado *What Schools for the Future?*, de 2001, apresenta seis possíveis cenários para a educação:

a. manutenção do *status quo* do sistema burocrático de educação;
b. substituição do sistema público de ensino pela mercantilização da educação;
c. reposicionamento da escola como núcleo da coletividade;
d. redefinição da escola como instituição exclusivamente centrada na aprendizagem;
e. substituição da escola por redes de aprendizagem;
f. crise e desintegração dos sistemas de ensino.

Identificamos três grandes tendências que estimulam processos de inovação na educação:

Uso da tecnologia – por meio dela, novas relações pedagógicas são criadas, uma educação mais personalizada é possível, um amplo universo de conhecimento torna-se acessível aos alunos, independentemente de sua localidade, e a interface parece ser mais atraente aos estudantes, tornando o processo de aprendizagem mais interativo. Encontram-se neste movimento as grandes editoras de livros, que buscam adaptar-se a um setor em fortes transições; as *startups*, as empresas e fundações ligadas à tecnologia. Destaco aqui a nova fase em que essa tendência entra, no final de 2022, com a democratização da Inteligência Artificial Generativa, cujos impactos ainda não somos capazes de prever.

Educação democrática – além da gestão democrática, já garantida pela própria Lei de Diretrizes e Bases (LDB), alguns projetos têm ressaltado a importância de uma pedagogia democrática. Nessas escolas, alunos, professores e gestores trabalham juntos na resolução dos problemas da instituição, avançando no desenvolvimento de competências, fortalecendo o trabalho em equipe, o senso de responsabilidade e cooperação. Além disso, tais projetos baseiam-se no respeito ao ritmo da criança e a seus interesses, muitas vezes permitindo que o jovem escolha seu trajeto de aprendizagem e que a comunidade tenha especial destaque na constituição do currículo escolar. Acrescentaria nessa tendência os avanços que tivemos nas perspectivas decoloniais, antirracistas e inclusivas, que trouxeram novos currículos e práticas para escolas democráticas e também tradicionais, que passaram a integrar formação de professores e novos materiais pedagógicos sobre essas temáticas. O livro que se popularizou entre educadores, *Os perigos de uma história única*, da escritora nigeriana Chimamanda Adichie, traz um pouco dessa perspectiva. Como exemplo de escola que segue esse caminho teríamos a Escola Municipal de Educação Infantil (Emei) Nelson Mandela, de São Paulo, cujo eixo central do projeto pedagógico é o ensino de História e Cultura Afro-brasileira, previsto pela Lei 10.639 de 2003. Por meio da ludicidade, os bonecos de pano representando a família Abayomi ajudam as crianças a entenderem sobre o respeito às diferenças e às histórias e culturas africanas. A partir da gestão participativa, a comunidade escolar também se envolve nessa temática, que ainda é potencializada pela formação de professores. Já em Salvador, temos a escola comunitária de educação infantil e fundamental Maria Felipa, que além de práticas antirracistas estruturando o currículo da escola, se definindo como uma escola afro-brasileira, também valoriza a inclusão e a diversidade. As salas de aula com nomes de importantes referências da cultura afro-brasileira, murais com as comunidades de origem dos estudantes, a transversalidade dessa temática em todo o currículo, nas aulas de Ciências, por exemplo, e não apenas nas aulas de História, a valorização da comida e das atividades de origem africana, como danças e cantigas, são alguns exemplos de como isso acontece na prática.

Visão sustentável e integral – a compreensão do homem como ser dotado de múltiplas inteligências, constituído na interação com o outro, na natureza e na cultura de sua comunidade, que se manifesta por meio de um corpo, com sentimentos, emoções e sensações e, para algumas abordagens, dotado de alma e espírito, gera a necessidade de uma educação diferente daquela oferecida convencionalmente. Nesta tendência encontram-se tanto propostas ligadas a grupos religiosos como também projetos ligados a uma nova ordem de produção e consumo, e ainda projetos que preparam os estudantes para novos desafios que se apresentam no trabalho e na sociedade. Os exemplos são muito diversos. Na escola Caminho do Meio, localizada em algumas comunidades budistas que trabalham com uma base curricular de uma matriz pouco comum no Brasil, as crianças são convidadas a desenvolver diversas práticas contemplativas e de autoconhecimento a partir dos budas coloridos. Há também plataformas de desenvolvimento socioemocional, como a Vivescer para professores, e projetos vinculados ao Casel, dos Estados Unidos, ou ao Big Five, utilizado pela OCDE e pelo Instituto Ayrton Senna. Já os projetos pedagógicos ambientalmente responsáveis são por vezes transversais – a exemplo dos estimulados pelo Instituto Alana, como o Criança e Natureza – ou os integrados aos projetos das escolas, como o da Emei Dona Leopoldina, em São Paulo, e o do Jardim Ciranda, uma comunidade de aprendizagem em Porto Seguro que atua com educação regenerativa integral de crianças e adolescentes. Podemos citar também projetos e escolas que trabalham com a perspectiva de novas competências, como criatividade e colaboração, focando em resolução de problemas em vez de aulas de disciplinas específicas, como os projetos desenvolvidos pela Rede Brasileira de Aprendizagem Criativa e pelo Centro de Referência em Educação Integral.

Se por um lado essas tendências podem ser convergentes, por outro, há grandes tensões em pautas que podem ser antagônicas para determinado grupo de educadores. Por exemplo, para alguns, qualidade refere-se à aquisição formal de conhecimentos previamente estabelecidos; para outros, ela estaria associada à possibilidade de percursos variados, dotados de significados para os sujeitos em seu processo de construção de identidade, havendo uma gradação de possibilidades entre uma visão e a outra. Já a ideia de educação integrada ao território é bastante presente para educadores vinculados à educação integral, mas muito diferente das propostas pautadas em uma única identidade nacional com soluções escaláveis. Outro exemplo seria a ideia de personalização, que pode ser interpretada como o respeito a ritmos e formas de aprendizagem de cada aluno – para que ele adquira um conhecimento específico –, mas que caminha para um individualismo e, portanto, para o empobrecimento do processo educacional, que se dá na interação, no diálogo e por meio das relações.

Como vimos pelas dinâmicas de transformação, não é possível prever ou determinar o cenário futuro. Ele será o resultado da ação de inúmeros agentes que, por diálogos e disputas, criam a realidade. Como o futuro será, depende unicamente de como todos nós fizermos com que ele seja.

RESUMO

Ao longo deste capítulo compreendemos que inovação é um processo de mudança que traz algum aspecto de novo, mas não necessariamente positivo para todos os envolvidos. Ao contrário: pode trazer tensões e desafios. Nos aprofundamos na inovação educacional que abarca especificidades com relação a quem são os sujeitos e contextos dos processos de mudança. Apresentamos algumas tentativas de categorização das alternativas educacionais, compreendendo que a realidade é sempre mais complexa e dinâmica que o esforço de síntese de alguns intelectuais, mas que por meio delas podemos identificar motivações e instâncias muito diferentes de inovação educacional. Por fim, conhecemos algumas tendências da inovação educacional que revelam possíveis futuros para o setor educacional, lembrando que este é incerto e que depende de cada um de nós construirmos o futuro que queremos.

Uma breve história da inovação educacional

Ao longo deste capítulo, buscaremos compreender que:

- Para além de um formato único de escola, tivemos diversas iniciativas ao longo da história do Brasil e do mundo com diferentes projetos de educação.
- Os projetos pedagógicos se baseiam em diferentes concepções de ser humano, de sociedade e de educação.
- A história da educação é feita por pessoas das mais diversas, homens e mulheres, em especial por professores e gestores públicos.
- O conhecimento científico e as configurações sociais de cada época influenciam diretamente os projetos educacionais e, portanto, a educação não é fixa e única, sendo sempre uma solução para um determinado tempo e contexto.
- O momento educacional presente surge desse processo histórico.

Minhas histórias de escola

Quando eu estava fazendo minha pesquisa de doutorado investigando escolas inovadoras pelo Brasil, comecei a participar de uma série de eventos em que os educadores dessas escolas se encontravam. Usava esse momento para conhecer novas iniciativas, para fazer análise de discurso, entender quais projetos se relacionavam entre si e para levantar dados para meu trabalho. Minha formação acadêmica, até então marcada por uma forte preocupação com o rigor dos dados, em especial em pesquisas de cunho etnográfico, me deixava distante do meu "objeto de pesquisa": as escolas e seus educadores. Até que um dia, durante a 1ª Conferência Nacional de Alternativas Educacionais (Conane), em Brasília, em um grande auditório com mais de 200 pessoas, iniciou-se uma ciranda com todos os participantes. Não havia nem espaço para tantas pessoas se movimentarem entre as fileiras de cadeiras, mas o círculo se formou, a música seguiu e eu, anotando tudo e analisando de fora o que aquilo significava. Algumas pessoas começaram a me chamar para a roda e eu insistia que o meu lugar era aquele. Até que chegou um ponto em que eu era a única de fora, e eu cedi à insistência e me juntei a eles na música e no movimento, nos olhares e na conexão que se criou ali embalada pelos risos e as gargalhadas, pelos movimentos nem sempre certos, mas orgânicos e espontâneos. Foi ali que eu entendi que de onde eu estava eu não conseguia ver e que existem histórias que precisavam ser vividas para serem contadas. Foi ali que eu comecei a entender que meus olhos, tão escolarizados e disciplinados para interpretarem o mundo sob a perspectiva da escola tradicional, me impediam de ver o movimento. Foi nesse momento que eu comecei a dançar, em um processo de me aproximar e distanciar de ideias, pessoas e projetos, me permitindo entender, sistematizar e analisar um movimento vivo, dinâmico e complexo que questiona as bases que estruturam nosso próprio olhar.

No final do século XIX, o modelo escolar que conhecemos hoje, com cadeiras enfileiradas, lousa à frente, foco no professor, e avaliações que nivelam os estudantes em agrupamentos distintos e seriados, estava se cristalizando e começando a ser difundido pelo mundo. Antes disso, tínhamos propostas bastante elitizadas, sendo oferecidas por preceptores ou vinculadas às igrejas. Alguns importantes educadores trouxeram contribuições significativas, como Comenius, Rousseau e Pestalozzi, com propostas de educação integral e respeito aos ritmos das crianças, mas que ficavam restritas aos grupos de intelectuais da época. Foi somente a partir da constituição dessa forma escolar homogênea e tradicional que podemos localizar o início da história das alternativas educacionais que se diferenciam dela.

É importante citar que mesmo no Brasil Imperial já tínhamos uma experiência relevante: o Colégio Augusto, inspirado em uma pedagogia crítica e brasileira, fundado em 1837 por Nísia Floresta, que lutava pelo direito à educação das mulheres. Apesar de não podermos classificar essa experiência como a primeira a se contrapor à forma escolar tradicional, devido à diversidade de propostas educacionais da época e ao fato de que o modelo tradicional não era hegemônico, ainda vale apontar a visão e ousadia da educadora nordestina.

Quando uma forma única de fazer educação começa a se universalizar é que passamos a ter registros de experiências que se contrapunham ao modelo hierárquico, disciplinar, conteudista e fragmentado das instituições educacionais; algumas eram criações de educadores mais radicais, contrários à essa forma escolar hegemônica, outros contrários à própria ideia de existir uma instituição para o ensino, defendendo a desescolarização da sociedade. (Vale diferenciar aqui o conceito de desescolarização da sociedade, proposto por Illich, do conceito de educação domiciliar – em inglês *unschoolling* e *homeschoolling* respectivamente. Na sociedade sem escolas, o foco é na aprendizagem por redes e autodirigidas, retirando o monopólio do conhecimento da instituição escolar, que, para essa perspectiva, é sempre uma forma de controle social. Já na educação domiciliar, permitida em diversos países (no caso do Brasil, permitida apenas em condições específicas, como por questões de saúde), segue existindo um programa, um currículo mínimo a ser cumprido, mecanismos de avaliação e, seleção, mantendo a estrutura escolar, ainda que sem a frequência presencial.

A experiência mais remota de que se tem notícia aconteceu na Rússia, na metade do século XIX. Leon Nikolaievich Tolstoi (1828-1910) desenvolveu uma pedagogia original e radical, influenciada pelo pensamento libertário de Rousseau. Em 1861, ele fundou uma escola em sua propriedade de Yasnaia-Poliana para os filhos dos camponeses, que acabou sendo fechada pela polícia. Posteriormente, em 1871, criou um seminário para formação de docentes. Para Tolstoi, a educação deveria promover a liberdade por meio da própria liberdade, defendendo que o aprendizado partisse do interesse do aluno e que a disciplina se transformasse em autodisciplina.

No Brasil, a experiência mais antiga que se apresentava como alternativa ao modelo escolar vigente foi a de Eurípedes Barsanulfo, que fundou em 1907 o Colégio Allan Kardec em Minas Gerais, uma proposta inovadora que incluía aulas-passeio, música e teatro, reconhecida pelo elevado nível acadêmico oferecido em um clima afetivo e inclusivo.

Também se destaca o trabalho de Anália Franco em São Paulo, com as mais de 110 instituições que iam de escolas a oficinas profissionalizantes, grupos de teatro e banda musical. Não se diferenciava tanto em sua organização do modelo dos grupos escolares, mas cujas atividades eram ofertadas conjuntamente, de maneira muito ousada para o século XIX, tanto para meninos quanto para meninas, brancos e negros, de qualquer religião.

Entre 1880 e 1894, Robin sistematizou suas ideias nos congressos da Associação Internacional dos Trabalhadores e começou a aplicá-las no Orfanato Prévost, nos arredores de Paris. Sua proposta de educação integral envolvia a formação intelectual por meio da construção do conhecimento a partir das experiências. A educação física não tinha caráter competitivo, mas solidário, enquanto a educação manual se desdobrava em uma abordagem que integrava teoria e prática. A educação moral preparava para a vida em liberdade, valorizando as relações entre professores, funcionários e alunos.

Em Barcelona foi criada, entre 1901 e 1905, a Escola Moderna pelo professor Ferrer i Guardia, que desenvolveu o método racional, com base nas ideias de Paul Robin, importante representante da pedagogia libertária, valorizando tanto o desenvolvimento intelectual quanto o trabalho, para meninos e meninas. Na mesma época, no Brasil, a Universidade Popular de Ensino foi criada no Rio de Janeiro como um espaço de educação voltado para a classe trabalhadora, buscando oferecer uma formação crítica, laica e libertária, rompendo com os modelos tradicionais de ensino. Oferecia desde disciplinas de História, Filosofia, Direito e Economia, a diversos eventos como saraus, exposições de artes, festas literárias. Esse projeto estava alinhado com a proposta de educação integral defendida pelos anarquistas, que acreditavam que a educação deveria promover a emancipação dos trabalhadores e a construção de uma sociedade mais justa. Foi fechado no mesmo ano pelas autoridades do Estado.

Após Ferrer ter sido morto pela Monarquia espanhola, em 1909, surgiram diversas iniciativas em sua homenagem visando dar continuidade aos seus ideais educacionais de inspiração anarquista. No Brasil, formou-se a Comissão Pró-Escola Moderna, que tinha como objetivo difundir o modelo da Escola Moderna, promovendo a educação libertária e a criação de escolas que seguissem esses princípios. No Sul, Sudeste, Norte e Nordeste tivemos escolas libertárias, mas, conjuntamente com a repressão do movimento operário, vieram as repressões e difamações sobre essas iniciativas. Algumas mudaram seus nomes e conseguiram perdurar por mais de 50 anos.

Paralelamente ao movimento libertário, outros educadores passaram a se corresponder e mutuamente se influenciar, dando início a um movimento menos radical, mas anda assim bastante crítico da escola tradicional: o escola-novismo, ou Escola Nova, que se tornaria cada vez maior e mais expressivo no início do século XX.

As experiências escola-novistas rompiam com o formalismo, a disciplina e o foco na exposição por parte dos professores das escolas tradicionais. Com uma diversidade de métodos, as experiências de vanguarda surgiram em diferentes países, encabeçadas por educadores como John Dewey nos Estados Unidos e Maria Montessori na Itália. Essas pedagogias foram baseadas em "centros de interesse", contato com a natureza, compreensão "global" da criança, criatividade e liberdade. Buscava adequar a educação – da primeira infância a dos jovens – às exigências da sociedade da época.

A mudança de foco da educação, saindo do professor e passando para o estudante, foi considerada a "revolução copernicana" da Pedagogia, embasada especialmente pelas descobertas da Psicologia do desenvolvimento humano, que foram incorporadas às experiências escolares. As práticas pedagógicas, até então baseadas na explanação do professor, passaram a dar lugar a propostas que envolvessem as crianças ativamente em processos de investigação. Em 1912, na Suíça, Claparède e Bovet, criaram o Instituto Rousseau, conhecido também como a Escola [de pensamento] de Genebra, visando reunir psicólogos e psicopedagogos para a compreensão da criança e a partir daí dar as bases científicas para escolas mais humanas e estimulantes. Ferrière foi um dos pedagogos que se vincularam ao Instituto, tendo se tornado um dos grandes intelectuais do movimento escola-novista na Europa. Ao mesmo tempo, Piaget trazia fundamentais contribuições para a Psicologia do desenvolvimento humano, com sua teoria dos estágios de desenvolvimento (sensório-motora; pré-operatória; operatória concreta; operatória abstrata) e outros importantes conceitos que vieram a servir de base para futuras teorias e abordagens. Suas ideias auxiliavam as escolas a desenvolverem projetos para as diferentes faixas etárias, trazendo a aprendizagem para as discussões pedagógicas.

O cuidado com as crianças em suas múltiplas dimensões também foi sustentado pelo psicólogo francês Wallon, que abordou a importância da afetividade para o desenvolvimento infantil, sendo ela a motivação para o movimento, o encontro com o mundo, o abrir-se para o processo de conhecimento.

Já Vygotsky, psicólogo russo, trouxe a base científica do sociointeracionismo, que coloca a interação como o fundamento do processo de desenvolvimento, sendo este sempre contextualizado. Portanto, a principal ação do educador é a de mediação desse processo, permitindo que a criança avance nas zonas de desenvolvimento, a partir também do brincar.

Essas novas perspectivas da Psicologia influenciaram muitos educadores do movimento escola-novista, que, como já dito, é bastante diverso em suas práticas.

Desse período também podemos destacar três grandes referências educacionais: Janusz Korczak, médico que criou na Polônia, em 1912, o orfanato Lar das Crianças, organizado na forma de uma república de crianças, em que as decisões e organização dos espaços envolvia a todos, independentemente da idade dos internos, respeitando e estimulando a autonomia infantil; Rudolf Steiner, que fundou a primeira escola Waldorf, em 1919, na Alemanha, para filhos de operários, com uma proposta holística baseada na antroposofia (filosofia que vê o ser humano de uma perspectiva integral do nível físico ao espiritual, desdobrada depois em outras áreas, como medicina, arquitetura, agricultura), estando hoje em mais de 60 países do mundo (no Brasil, há 132 escolas vinculadas à Federação das Escolas Waldorf); e Alexander Neill, que, em 1921, fundou uma escola baseada na democracia infantil, sediada primeiro na Alemanha com o nome de Escola Internacional, depois na Inglaterra, como Summerhill. É considerada hoje a escola democrática mais antiga do mundo ainda em funcionamento.

Como a Escola Nova foi um movimento educacional, e não um grupo fixo ou uma associação formal, torna-se difícil identificar com precisão quais educadores faziam parte dela. Sua constituição foi reconhecidamente diversa, reunindo representantes na Europa, nos Estados Unidos, no Brasil e em outras regiões do mundo. Pelas análises e interpretações realizadas *a posteriori*, entende-se que essas diferentes iniciativas tinham em comum a promoção de uma educação ativa, a valorização da autonomia e a crítica à escola tradicional.

De acordo com o historiador da educação Franco Cambi, os grandes temas dessa pedagogia do ativismo, pilar do escola-novismo, podem ser sintetizados em sete pontos principais. O primeiro é o "puericentrismo", que reconhece o papel essencial e ativo da criança em todo o processo educativo. O segundo refere-se à valorização do "fazer" no âmbito da aprendizagem infantil, destacando a centralidade das atividades manuais, do jogo e do trabalho no contexto escolar. O terceiro ponto é a "motivação", que defende que a aprendizagem real e orgânica deve estar vinculada ao interesse da criança, sendo impulsionada por suas necessidades emotivas, práticas e cognitivas. O quarto aspecto é a ênfase no "estudo de ambiente", considerando a realidade que circunda a criança como fonte de estímulo para a aprendizagem. O quinto ponto é a "socialização", entendida como uma necessidade primária que deve ser satisfeita e incrementada no processo educativo. O sexto tema é o "antiautoritarismo", que propõe uma renovação no modelo educativo tradicional, rompendo com a supremacia do adulto, sua vontade e seus fins sobre a criança. Por fim, destaca-se o "anti-intelectualismo", que questiona a valorização excessiva dos programas formativos exclusivamente culturais e rigidamente determinados, defendendo uma organização mais livre dos conhecimentos pelo discente.

O movimento da Escola Nova no Brasil teve sua primeira manifestação em São Paulo, em 1920, quando Antônio de Sampaio Dória conduziu uma campanha contra os "velhos métodos de ensino". Depois dele, viriam Lourenço Filho no Ceará, Anísio Teixeira na Bahia e Carneiro Leão no Distrito Federal, Armanda Alberto no Rio de Janeiro e Lisímaco da Costa no Paraná. Tratava-se de tentativas locais de reorganização da educação primária, uma vez que o federalismo brasileiro se contrapunha a uma educação nacional. Nessa época estávamos diante de um novo regime político que vinha tentando modernizar o país, o qual passava pelo processo de industrialização e urbanização.

Em 1924 foi criada a Associação Brasileira de Educação (ABE), com representantes de diversas vertentes pedagógicas, e realizou-se em 1927 a Primeira Conferência Nacional, em Curitiba, que trouxe o pensamento europeu e estadunidense para o debate nacional, aproximando os educadores das diferentes regiões do país. Em seu quarto encontro (1931), o então presidente, Getúlio Vargas, e o ministro do recém-criado Ministério da Educação e Saúde, Francisco de Campos, pediram o apoio dos intelectuais para desenvolver a política educacional do Governo Provisório, que não se viabilizou em função da heterogeneidade do grupo. Em 1932 foi lançado, apenas por uma parcela desse grupo de educadores, o *Manifesto dos pioneiros da Educação Nova,* uma tentativa de dar o "sentido pedagógico" da Revolução.

O documento foi publicado simultaneamente em diversos órgãos da imprensa, como *O Estado de S. Paulo* e *Diário de Notícias* do Rio de Janeiro, graças à posição de destaque de muitos de seus signatários, neste caso o proprietário do jornal, Júlio de Mesquita Filho, e a colunista Cecília Meireles, respectivamente. Os outros 24 intelectuais que fizeram parte desse primeiro manifesto se destacavam como diretores de faculdades, da própria ABE e de órgãos de imprensa e rádio. A força dos pioneiros vinha principalmente do lugar de destaque que cada um deles ocupava no cenário educativo nacional.

Falava-se pela primeira vez no Brasil, em especial no *Manifesto dos pioneiros*, em educação pública, laica, única (para homens e mulheres), obrigatória e gratuita para todos (que tiverem aptidões para os estudos).

Segundo a professora de história da USP Diana Vidal, a Escola Nova foi responsável no país pela difusão da educação integral e introduziu novas metodologias para a aprendizagem da leitura, escrita e Ciências Naturais. Com o crescimento urbano, a escolarização das massas, o controle do tempo e a maior quantidade de informações, passou-se a valorizar, por exemplo, a leitura silenciosa, mais rápida e individualizada, e a caligrafia muscular verticalizada. As sociedades do período industrial, marcadas pelo trabalho produtivo e eficiente, deslocaram as práticas pedagógicas baseadas no "ver" para o "fazer", alocando o professor para as atividades de observação. Destacam-se, ainda, os novos recursos de que se dispunha nesta época: o caderno que substituía a ardósia, os laboratórios e as carteiras móveis, que permitiam o trabalho em grupo. Os rígidos horários foram substituídos pelo método de projetos e os ritmos da nova sociedade impregnavam a Escola Nova.

Exemplos de escolas nesse período são os Parques Infantis Mario de Andrade, criados pela prefeitura de São Paulo entre 1935 e 1938, e a Escola-Parque, em 1947, do governo da Bahia.

Não há precisão de quando o movimento da educação nova teve fim. Alguns autores afirmam que, na Europa, um de seus últimos expoentes foi Freinet (1896-1966). No Brasil, o fim teria ocorrido antes em função dos processos políticos pelos quais o país passou. Porém, já na década de 1950 foram retomados diversos aspectos desse movimento, incluindo novas experiências pedagógicas e a publicação do segundo manifesto, em 1959, sob o título *Manifesto dos educadores democratas em defesa do ensino público – mais uma vez convocados: manifesto ao povo e ao governo,* com a assinatura de 180 educadores, inclusive grande parte dos que assinaram o primeiro manifesto. E nas décadas de 1960 e 1970, novas discussões no campo pedagógico são encabeçadas especialmente por Paulo Freire (1921-1997) e Ivan Illich (1926-2002).

O processo que se abre na década de 1950 reintroduz o debate sobre a educação, em função, principalmente, da elaboração da Lei de Diretrizes e Bases, onde já fica evidente a predominância do pensamento renovador sobre as variantes do pensamento tradicional. Vemos também uma intenção de transformar essas experiências pontuais em referências para outras escolas, adquirindo um caráter mais expressivo nas gestões públicas. Sem deixar de reconhecer as experiências pontuais que seguiam surgindo.

A década de 1960 foi farta em experimentações pedagógicas na Europa, envolvendo também as políticas públicas. Nos EUA, seguiam-se as várias experiências particulares, dentre elas Sudbury Valley School, fundada em 1968 por professores da Universidade da Columbia. Desse período podemos destacar, no Brasil, os Colégios Vocacionais, o Grupo Escolar Experimental Dr. Edmundo de Carvalho e os ginásios estaduais pluricurriculares experimentais em São Paulo, o Centro Educacional "Carneiro Ribeiro" (escola-classe e escola-parque) e a Escola de Aplicação do Centro Regional de Pesquisas

Educacionais na Bahia, além da criação da Universidade de Brasília, por Anysio Teixeira e Darcy Ribeiro em 1962.

Paralelamente às ações governamentais, surgiram projetos populares como os programas de alfabetização de adultos pelo método Paulo Freire e o Movimento de Cultura Popular por Educação de Pernambuco. Na década de 1970, a Teologia da Libertação, com Leonardo Boff, trouxe a pedagogia do campo para o debate. Em Portugal, em 1976, a Escola da Ponte começa a ser democratizada com o professor José Pacheco.

O Brasil, nas décadas de 1980 e 1990, teve experiências de vanguarda, como os Centros Integrados de Educação Pública (CIEPs), idealizados por Darcy Ribeiro e implementados pelo Brizola. Eles ofereciam educação em tempo integral, com atividades culturais e esportivas, alimentação e atendimentos de saúde, atuando em comunidades vulneráveis no Rio de Janeiro. Outra experiência nesse sentido foram os Centros Municipais de Ensino Supletivo (Cemes, atuais Ciejas) em São Paulo, que funcionaram durante a gestão de Paulo Freire na Secretaria Municipal de Educação e que passaram a oferecer uma escola desenhada especificamente para o público adulto. Além disso, tivemos a formulação das leis que regem atualmente a educação brasileira, como o Estatuto da Criança e do Adolescente (ECA) e a LDB, idealizadas e elaboradas por educadores como Antônio Carlos Gomes da Costa, Florestan Fernandes e Darcy Ribeiro. Ao mesmo tempo, internacionalmente era realizada a Primeira Conferência Internacional de Escolas Democráticas (Idec). Em Israel, foi fundada a Escola Democrática de Hadera, por Yaacov em 1987, que recebeu o prêmio Escola do Ano em 1995 pelo governo do país, reconhecendo o valor da participação estudantil por meio do Parlamento e dos comitês como um diferencial para a formação das crianças e jovens. Isso fez com que a lista de espera na instituição crescesse tanto que 24 novas escolas democráticas foram criadas para atender essas crianças. Em 1995, Yaacov assumiu um cargo público, dando início ao Instituto para Educação Democrática, que articula atualmente mais de 300 escolas em vários países.

Nos EUA da década de 1980, o sul-africano Seymour Papert formulava o construcionismo, a partir da teoria construtivista de Jean Piaget, mas expandindo seus princípios ao enfatizar a construção de artefatos concretos como parte do processo de aprendizagem. Papert acreditava que o aprendizado ocorre de maneira mais profunda quando os indivíduos estão engajados ativamente na criação de produtos tangíveis que externalizam seu pensamento, seja por meio de objetos físicos, programas de computador ou por meio de outras representações materiais do conhecimento. O construcionismo, portanto, defende que o aprender se dá não apenas pela internalização de saberes, mas também pela construção ativa e significativa de artefatos no mundo real.

O construcionismo ganhou notoriedade com a introdução do ambiente de programação Logo, criado por Papert e seus colaboradores no MIT, que possibilitou que crianças desenvolvessem raciocínio lógico e explorassem conceitos matemáticos enquanto programavam o comportamento de uma "tartaruga" virtual.

No final do século XX, diversos colégios pelo Brasil se declaravam de base construtivista e socioconstrutivistas (Piaget e Vygotsky), tendo sido a prática de sala de aula amplamente redesenhada, sem, porém, levar para a forma escolar os mesmos pressupostos que ancoravam essa teoria. Ou seja, na sala de aula passamos a compreender a importância das relações e dos diversos estímulos para o processo de aprendizagem, mas não tivemos mudanças significativas na forma de organizar os horários e os espaços físicos, nem nas relações dentro das escolas. Nesse mesmo período surgem experiências de educação integral, que valorizam as artes, a cultura, o movimento do corpo e sua integração com a natureza, as relações e os saberes contextualizados, como as escolas da região de Cotia e Carapicuíba: Casa Redonda, em 1980; Colégio Viver, em 1998; e Kid's Home, em 1999. A mesma região, décadas depois, abrigaria o Colégio Sidarta e o Projeto Âncora. Em São Paulo, a primeira escola nomeadamente democrática do Brasil seria fundada por Ricardo Semler e Helena Singer: a escola Lumiar.

Em 1990, surge o movimento das Cidades Educadoras, que considera o território como um espaço de compartilhamento, socialização e construção de conhecimento, com mais de 482 cidades participantes. Na virada do século, a educação integral no território e a aprendizagem ao longo da vida ganham destaque na sociedade do conhecimento. A Unesco, em 2013, cria a Rede das Cidades de Aprendizagem, conectando as cidades que estimulam a aprendizagem ao longo da vida.

Nossas referências, até aqui, focaram bastante no Ocidente, mas na Ásia e na África também houve processos muito dinâmicos e potentes acontecendo. Educadores desses continentes buscavam resgatar as culturas locais, questionando o processo de colonização que viveram. Muitas propostas valorizavam também a perspectiva espiritual na educação. Durante os processos de independência de vários países, alguns educadores viam a educação como instrumento de libertação. Na atualidade, temos desde escolas altamente tecnológicas a espaços sustentáveis, que integram natureza com uma arquitetura mais aberta e interativa. Diversas escolas internacionais com propostas novas, ou montessorianas e Waldorf, estão presentes nas grandes cidades. Um exemplo é a Riverside, na Índia, criada em 2001, que já recebeu diversos prêmios de reconhecimento por seu trabalho de empoderamento dos jovens, para que sejam agentes de mudança social. Em Uganda, o projeto Peas permite que milhares de crianças em situação de vulnerabilidade social tenham acesso à educação de qualidade a partir de um currículo contextualizado, com atividades ligadas ao empreendedorismo e agricultura.

Essas e tantas outras experiências e iniciativas educacionais fazem parte do Movimento de Renovação Educacional do início do século XXI, que se apresenta como alternativa ao modelo escolar hegemônico. No Brasil, alguns se autodefinem como continuadores (atualizados) desse processo histórico, como os signatários do terceiro manifesto pela educação e o Centro de Referências em Educação Integral. Já outros projetos, ainda que se aproximem dessas mesmas concepções, colocam-se como inteiramente novos, até por terem sido concebidos por pessoas de fora do setor da Educação que desconhecem essa trajetória.

Ao mesmo tempo, muitas escolas que não optaram pela mudança radical introduziram mudanças gradativas ou pontuais, mas que também são espaços e oportunidades de outras vivências e formas de aprender. Como vimos no capítulo anterior, há mudanças educacionais que ficam restritas ao processo de ensino-aprendizagem, outras são casos pontuais de transformação, enquanto outras visam uma mudança social ampla. Retomemos aqui as três principais tendências de inovação da atualidade: a visão sustentável e integral; a educação democrática; e a incorporação de novas tecnologias. Para fechar este capítulo histórico, vamos ver alguns exemplos recentes de iniciativas inovadoras para ilustrar essas tendências e nosso atual contexto. As metodologias ativas voltam com muita força, estimuladas agora por uma crescente área do saber: a Neurociência. Outras ferramentas, como as rotinas de pensamento do Projeto Zero de Harvard, também deslocam o ensino dos conteúdos para os processos metacognitivos, criando bases práticas para um dos pilares da Unesco: aprender a conhecer. Mais escolas vêm adotando a perspectiva de projetos e integram a comunidade nos processos de aprendizagem, com resolução de problemas reais, trocas com especialistas e pesquisas de campo, como a escola internacional Avenues, localizada em São Paulo e Nova York. O ensino baseado em competências vem se consolidando nos diversos níveis de ensino.

- Os currículos passaram a contemplar em larga escala a educação socioemocional e as lutas por uma educação inclusiva e antirracista ganharam força. As perspectivas decoloniais, feministas e do Sul Global têm trazido novos debates e mudanças epistemológicas estão sendo introduzidas na educação por filósofos indígenas e quilombolas, como Ailton Krenak e Antônio Bispo dos Santos (Nêgo Bispo).

- O construcionismo de Papert tem influenciado muitas práticas pedagógicas contemporâneas, não apenas na esfera da programação, mas também a aprendizagem mão na massa, a cultura *maker* e os laboratórios de fabricação digital (*fablabs*), e os laboratórios de aprendizagem (*fablearn*), uma rede internacional de laboratórios vinculadas ao Transformative Learning Technologies Lab (TLTL) da Universidade de Columbia. Esses ambientes criam condições propícias para a aplicação dos princípios construcionistas ao oferecerem espaço e recursos para que crianças e adultos experimentem, criem e compartilhem saberes em comunidades colaborativas.
- Os recursos tecnológicos educacionais que sempre fizeram parte do ofício do professor se tornam mais diversos e passam a incorporar elementos digitais, que alteram a experiência de ensino e aprendizagem, ganhando novas dimensões espaciais e temporais que transcendem a sala de aula, alterando também as relações de poder e saber tradicionais. As pautas de personalização do ensino ganham relevância. Com a democratização da inteligência artificial a partir da IA generativa, nos vemos diante de uma ruptura profunda das práticas pedagógicas tradicionais, baseadas em provas e trabalhos. Estamos no início de uma revolução cognitiva que mudará nossa relação com o conhecimento não apenas dentro da escola, mas em especial na sociedade.

A história de cada educador ou experiência escolar é única, mas a história da Escola é plural. Cada um deles, ao se afirmarem como inovadores, resistência, mais efetivos ou mais transformadores, fizeram a própria história da educação, e seus movimentos e suas tensões criaram a diversidade de culturas escolares que se apresentam como respostas diferentes para cada contexto. Mudanças profundas e outras incorporadas de modo sutil, apresentadas de maneira sucinta com aparente linearidade neste capítulo, são vividas diariamente pelas crianças, jovens e educadores nas escolas do Brasil e do mundo.

RESUMO

No início do século XIX, a educação ao redor do mundo se constituiu a partir do que chamamos de escola tradicional, centrada na transmissão de conteúdos e na memorização. As práticas pedagógicas eram rigidamente estruturadas e pouco se considerava a participação do estudante no processo de aprendizagem.

No final do século XIX, surgiram movimentos ao redor do mundo que buscavam tanto modernizar o ensino quanto trazer outras perspectivas de educação. Nesse período, a escola passou a ser vista como espaço de desenvolvimento integral do aluno, valorizando a experiência e a prática como elementos centrais para a construção do conhecimento.

No século XX, consolidaram-se propostas inovadoras que transformaram o papel do professor e do aluno no processo educativo. São inúmeras propostas que se diferenciam da escola tradicional, questionando do processo de aprendizagem às finalidades da educação para a sociedade.

Já no século XXI, as escolas se encontram em um modelo em transição, com características tradicionais, escola-novistas e contemporâneas ao mesmo tempo. A tecnologia digital tem sido uma das principais frentes de mudança, mas que também traz tensões para o processo educacional que ainda precisam ser resolvidas nos próximos anos.

Por meio desse resgate histórico, vemos que, para além de um formato único de escola, tivemos diversas iniciativas bastante diferenciadas ao longo dos últimos séculos, uma vez que os projetos pedagógicos se baseiam em diferentes concepções de seres humanos, de sociedade e de educação. O conhecimento científico e as configurações sociais de cada época dialogam diretamente com os projetos educacionais e, portanto, a educação é sempre uma solução de um tempo e contexto, não é fixa e única. Nosso atual momento educacional surge desse processo histórico. Quais respostas nosso século criará a partir do que recebemos?

A sala de aula: práticas pedagógicas transformadoras

Ao longo deste capítulo, buscaremos:

- Identificar a sala de aula como uma dimensão potente e importante para os processos de inovação educacional.
- Refletir sobre a tríade pedagógica: professor-aluno-conhecimento.
- Compreender a influência da organização escolar e dos recursos pedagógicos na sala de aula.
- Conhecer algumas abordagens inovadoras que podem inspirar transformações na prática pedagógica.

Um dos lugares mais importantes da educação é a sala de aula, espaço tipicamente do professor, da experiência escolar, da ação pedagógica. Por ter sido pensado e criado para isso e estar há tantos séculos cumprindo essa função, esse espaço é hoje o principal *locus* de disputa do setor educacional.

São diversas propostas, formações, materiais e recursos criados por educadores, gestores, editoras, empresas e *startups* que buscam sustentar, apoiar, vender, mudar ou manter as práticas que acontecem em sala de aula.

Essa instância educacional envolve especialmente cinco dimensões com suas respectivas questões:

1. O professor – quem ele é, qual formação tem, como atua, quais valores possui?
2. Os estudantes – quais papeis devem ocupar como aprendizes, quem são, quais seus interesses e o que esperamos que sejam?
3. O conhecimento – quais os objetivos pedagógicos a serem desenvolvidos, sejam conteúdos conceituais, atitudinais ou procedimentais?
4. Os determinantes da organização escolar (tempo, espaço, relações de poder e relações de saber), como é o projeto pedagógico em que está inserido e a rede a que pertence?
5. Quais são os recursos e as tecnologias que irão intermediar as relações pedagógicas?

Vamos detalhar cada uma delas:

PROFESSOR

O professor como o sujeito diretamente envolvido na ação pedagógica é o principal responsável por todos os efeitos do processo educacional. Certamente está imerso em uma rede de relação e estruturas que viabilizam ou não sua atuação, mas, dentre todos os fatores que mais impactam a experiência do estudante, o professor é o principal.

Compreender quem é o professor é fundamental para entendermos e interpretarmos as várias propostas que chegam de mudanças pedagógicas. Como muitas soluções são criadas para professores, mas não são feitas por professores, algumas delas trazem visões de mundo muito específicas. Listo aqui algumas perguntas que nos ajudam a entender os pressupostos de propostas e como cada uma colabora, ou não, com os diferentes contextos educacionais que temos no país. Faça esse exercício a partir da análise de um exemplo concreto, escolha uma "solução" que está sendo implementada em uma escola e, a partir do que está sendo proposto por ela, responda às seguintes perguntas:

- O professor é alguém que sabe o que faz em sala de aula?
- O professor é quem deve tomar as decisões sobre o que ensinar para esse grupo de alunos?
- O professor é quem deve tomar as decisões sobre como ensinar para esse grupo de alunos?
- O professor precisa de ajuda para fazer seu trabalho?
- O professor precisa de atualizações com relação aos conteúdos que ministra?
- O professor precisa de atualizações com relação às metodologias de ensino?
- O professor precisa aprender a utilizar novos recursos pedagógicos e tecnologias?
- O professor deve refletir sobre sua prática ou reportar o que faz?
- O professor deve trocar entre pares ou fazer tudo sozinho?
- O professor deve ter tempo previsto na sua jornada de trabalho para planejar e avaliar. Isso deve ser feito por ele em outro momento do seu dia ou isso não deve ser feito por ele, pois não tem tempo?

A resposta para essas perguntas varia de contexto a contexto, o único problema é tratarmos o conjunto tão heterogêneo de professores como iguais e acharmos que uma solução criada a partir de uma visão será abraçada por todos da mesma forma. Um exemplo disso são os materiais pedagógicos – pensemos em uma apostila com atividades diárias planejadas para os professores implementarem em suas aulas. Em um contexto de professores muito bem formados, que conhecem seus alunos, que trabalham em equipe com os demais professores, que possuem tempo de planejamento semanal, uma apostila como essa será tão prejudicial para esses professores que irá minar não somente sua criatividade e gosto em ser professor, como retirará a oportunidade de potencializar a aprendizagem na sala de aula. Atividades padronizadas não consideram o interesse dos estudantes e fazem do fazer docente rotineiro e apenas de implementação. Pensemos agora nessas mesmas apostilas indo para um contexto em que os professores possuem muitas defasagens de aprendizagem, foram formados em cursos ruins, que não possuem boas condições de trabalho e nem recursos de apoio na instituição. Nesse caso, receber essas apostilas é uma forma de elevar a formação dada àquelas crianças, viabilizando que, em curto prazo, tenham acesso a informações minimamente corretas, com uma seleção de conteúdos pensada e estruturada para garantir o mínimo necessário para a formação daquelas crianças.

O Brasil, um país continental, tem uma variedade imensa de realidades. Julgar se o uso da apostila é bom ou ruim depende de quem irá utilizar, em que contexto, para quais finalidades, por quanto tempo, que tipos de atividades a apostila indica. Entender o papel do professor em cada proposta é fundamental, assim como o do estudante.

ESTUDANTES

Estudantes são a motivação, mas também os agentes do processo de aprendizagem. Por melhor que sejam os professores e todas as estruturas que colaborem com a experiência educativa, aprender é um verbo de ação, precisa ser desejado, buscado, intencionado. Entender como os estudantes são vistos e compreendidos em cada projeto nos ajuda, por sua vez, a entender as propostas e a interpretação de seus efeitos. Para seguirmos na análise da proposta que está sendo implementada na escola, façamos algumas perguntas com relação ao papel dos estudantes:

- O que se espera que o estudante faça?
- O que se espera que o estudante pense?
- É considerado o que o estudante já era e já sabia?
- É considerado o interesse daquele estudante?
- Ele está sozinho ou em interação com outros estudantes? Ou em interação com o professor? Ou em interação com outros adultos com repertórios diferentes de seus contextos de origem?
- Que tipo de comportamento e atitude o estudante está aprendendo simultaneamente à atividade proposta?
- Que tipo de valores esse estudante está praticando e desenvolvendo?
- As características especificas desse estudante são consideradas na proposta (tendo ou não laudos e neurodivergências predefinidas, para qualquer gênero, etnia e grupo social)?
- Essa proposta de atividade lhe dá mais autonomia ou dependência para seguir aprendendo sobre aquele conteúdo?
- A proposta de atividade cria que imaginário no estudante? Faz com que se autoperceba de que maneira? Com quais possibilidades de ação e atuação na sociedade?

Diversos estudos da Sociologia da Educação nos mostram que os conteúdos não são neutros e que, portanto, são aprendidos pelos estudantes de formas muito variadas, transmitindo valores e comportamentos de forma inconsciente. Um material de História, por exemplo, que só traz referências europeias e cristãs, será aprendido da mesma forma por estudantes que possuem diferentes religiões? As ilustrações das atividades que sempre trazem um grupo étnico ou um determinado gênero ocupando papéis de destaque não criam diferentes conceitos sobre si mesmos, definindo lugares e papéis possíveis para os estudantes?

CONHECIMENTO

Formando a tríade da aula, temos aluno-professor-conhecimento, entendendo o conhecimento em sua forma mais ampla, não apenas os conteúdos conceituais, mas também os atitudinais e procedimentais. Ou seja, as competências e habilidades que se deseja desenvolver ao longo do processo de escolarização.

Apesar do conhecimento aparentemente ser o mesmo e a base curricular a mesma para todas as escolas, é possível ter variações bastante grandes quanto ao que e como se ensina. Um conhecimento de história, por exemplo, pode ser visto pela perspectiva europeia ou indígena. A matemática pode ser a partir de inferências ou repetição, determinados conteúdos podem nem aparecer no currículo real enquanto outros podem ser profundamente explorados. É precisamente esse conjunto de saberes e comportamentos que darão identidade ao projeto pedagógico de cada escola. As escolhas metodológicas, didáticas e curriculares feitas coletivamente e individualmente pelos professores e gestores definem a experiência daquele aluno na instituição, o currículo vivido, e, portanto, diferenciam as escolas umas das outras.

Mudanças que alteram o conhecimento a ser aprendido podem ser analisadas a partir dessas perguntas:

- Os novos conhecimentos são mais rasos ou mais profundos que os anteriores? Passaram a ser mais abrangentes ou menos abrangentes? São mais teóricos ou mais práticos? Engajam mais ou menos os estudantes?
- Qual é a fonte desse conhecimento? Ela é segura, transparente e coerente com a proposta da escola? É uma perspectiva única ou traz diversos pontos de vista sobre o tema? Considera a perspectiva histórica? Considera a perspectiva crítica? Está isolado ou conectado com outros saberes e outras áreas? É atual ou antigo? É apropriado para qual idade?

- Qual o canal de acesso a esse conhecimento? Passa por qual tipo de validação? Como o suporte deste conteúdo dialoga com o processo de aprendizagem dos estudantes?
- Quais as propostas pedagógicas para desenvolvimento desses conteúdos conceituais, atitudinais e procedimentais? A aprendizagem se dá por meio de atividades individuais ou coletivas?
- Os conteúdos são fixos para todos os estudantes ou flexíveis e personalizados? São do mais simples ao mais complexo ou a partir do interesse do estudante? São acessíveis aos diversos estudantes? Contemplam exemplos e ilustrações de diversas realidades?
- As avaliações são desafiadoras ou reproduzem exatamente o que foi visto? São baseadas na aquisição de conceitos ou desenvolvimento de competências? Qual a relação com o erro nesse processo? É possível evidenciar a aprendizagem? Quais os tipos de avaliações que são adotadas? O que se faz a partir dessas avaliações? Qual a relação desses conteúdos com as avaliações externas?
- Quem definiu esses objetivos de aprendizagem? O que e quem define o ritmo para o desenvolvimento das atividades? Qual a relação desses conteúdos com a realidade dos estudantes?

Essas são algumas das perguntas que podem nos ajudar a entender as diversas propostas que chegam para mudar o contexto da sala de aula, revelando também a complexidade de cada uma e sua possível coerência com o projeto pedagógico da escola.

ORGANIZAÇÃO ESCOLAR

Os determinantes da organização escolar modelam as possibilidades da prática pedagógica, são os pressupostos considerados para o desenho das atividades, aquilo que organiza a vida coletiva dentro da escola. Portanto, eles não dependem exclusivamente da vontade do professor, precisa ser deliberado com um conjunto de docentes, com a coordenação pedagógica, com a direção e talvez até com a comunidade. São quatro os determinantes: o tempo, o espaço, as relações de saber e de poder.

A duração das aulas, do dia letivo, da semana, do mês, dos bimestres, semestres, anos e ciclos definem, organizam, limitam, estruturam o que pode ou não acontecer naquela experiência educacional. Da mesma forma, os espaços que estão disponíveis para a prática pedagógica, se a sala de aula é com cadeiras fixas, com cadeiras móveis, com mesas compartilhadas, se as atividades podem ser feitas no pátio, no laboratório, na quadra, na praça, ou uma visita a um museu, uma imersão em algum lugar, uma viagem pedagógica, todas essas possibilidades dão o contorno daquilo que pode ou não ser vivido pelo estudante compondo seu currículo real. Aqui não se considera apenas ter ou não aqueles espaços nas escolas, mas ele estar disponível, limpo, acessível para o planejamento e implementação das propostas criadas pelos professores.

As possibilidades oferecidas ou não pelo tempo e espaço também estão condicionadas às relações de saber e poder daquela instituição, e algumas perguntas que nos ajudam a pensar sobre elas são:

- Quem detém o conhecimento?
- Ele é descoberto ou transmitido, criado ou enunciado?
- Existe uma hierarquia de saberes? O que define essa hierarquia?
- Quais são possíveis fontes de conhecimento?
- Existe ritmo para aprender? Existe espaço para o erro?
- Compreende-se que as pessoas têm abertura para aprender e se modificarem ou são categorizadas de forma definitiva entre os que sabem ou não sabem, têm capacidades ou não têm capacidades?
- Quem determina o que será aprendido?
- Quem define quem aprendeu ou não?
- Quem define ordens, punições e consequências diante do processo de aprendizagem e interação no espaço escolar e extraescolar?
- Há uma hierarquia baseada em saber, em cargo, em posição social ou em carisma?
- Como as decisões e os acordos são feitos, comunicados e reconsiderados?

A resposta a essas questões definem valores e propósitos da escola e, portanto, os tipos de projetos que podem ou não acontecer ali, o que pode surgir por parte dos estudantes e professores, o que pode entrar na escola vindo de empresas, fundações ou por parte do governo, na forma de lei, estímulo, marketing, campanha, formação.

Vale lembrar também que cada vez mais escolas deixam de ser núcleos independentes, passando a pertencer a redes formais ou informais. As instituições públicas estão vinculadas à rede municipal, estadual ou federal, e as particulares são cada vez mais parte de grandes redes de ensino. Isso significa que há outras esferas de decisão do projeto pedagógico que estão fora da própria organização escolar. Algumas pessoas entendem que as decisões administrativas, como secretaria, comunicação, compra de recursos e materiais pedagógicos, podem ser da gestão de operações ou centralizada nos grupos educacionais. Mas esta perspectiva não considera que essas questões, em uma escola, são, sim, pedagógicas, uma vez que definem quem serão os estudantes, os professores e os limites e as possibilidades para essa relação. Em uma escola, tudo é pedagógico. Essa discussão entra também em outra esfera, a da autonomia das escolas e dos professores. Tema bastante sensível, complexo e polêmico. Quanto a isso, podemos nos perguntar se é possível um trabalho baseado nas relações, no pensar e sentir de todos os envolvidos ser separado de seu fazer. Pedir para que professores e gestores implementem propostas nas quais não acreditam é receita para o fracasso. O caminho é sempre a busca da coerência e da cocriação, trazer a voz e o conhecimento de quem está fazendo para pensar as estratégias macro da rede, aprimorar as propostas. É ir gerando dentro desse coletivo um processo de aprendizagem sistêmica, que não pertence a uma ou outra pessoa, mas, sim, àquela instituição e rede, viabilizando inclusive o fortalecimento da identidade daquele projeto.

De forma muito diferente temos as redes informais, redes em que as escolas se vinculam por vontade própria, vontade de pertencer e trocar com seus pares. O projeto pedagógico não está sujeito a alterações externas à própria escola, mas se nutre delas, se aprimora a partir do fortalecimento das redes de apoio e partilha, garantindo a autonomia dos educadores e seus respectivos projetos.

Na instância das organizações, podemos pensar nos três níveis de aprendizagem: a aprendizagem individual, por meio de estudo ou experiência de cada um, a aprendizagem coletiva, por meio da troca de saberes entre as pessoas, e a aprendizagem institucional, em que procedimentos são criados a partir da experiência daquele grupo de modo que ganha uma dimensão para além das pessoas que viveram aquela experiência, dando maturidade para as organizações que vão incorporando formas de fazer, novas aprendizagens, em suas culturas organizacionais, conforme o economista e pedagogo Peter Senge defende.

RECURSOS E TECNOLOGIAS

Por fim, mas igualmente relevante para pensarmos em inovação na sala de aula, devemos considerar os recursos e as tecnologias que intermedeiam essa relação. Uma análise mais geral sobre elas poderia estar contemplada na dimensão da organização escolar, porém, ela é justamente a que mais sofre variações ao longo do tempo e dos contextos, impactando também os próprios determinantes da organização. Essa dimensão merece um olhar mais detalhado.

Quando pensamos nos recursos e tecnologias que impactam a sala de aula, é importante entendermos a diversidade de propostas.

O mobiliário, por exemplo, é um importante recurso que define significativamente a forma de ocupação daquele espaço, se são cadeiras individuais, soltas ou fixas, se as mesas podem formar agrupamentos para o trabalho em grupo ou não, se são acessíveis, se podem ser usadas em ambiente externo, se são bancos altos, puffs, áreas livres etc. Apesar dessas variações, a principal mudança que vimos ao longo de três séculos de escola foi no material de produção das mesas e cadeiras, de madeira para plástico. Já com relação às lousas, antigos quadros de giz foram em grande parte substituídos por quadros brancos e projetores de slides, em alguns casos por lousas digitais e agora lousas inteligentes. Essa mudança trouxe um grande benefício para a saúde do professor, uma vez que a cal gerava diversos problemas respiratórios e era motivo de muitas faltas e afastamentos. Essa mudança tecnológica não alterou tanto a dinâmica de sala de aula, mas diretamente o conforto para o trabalho docente. Esse exemplo é interessante para percebermos que o avanço tecnológico se evidencia em diferentes áreas, trazendo novas dinâmicas para a sala de aula por razões nem sempre óbvias.

Um dos recursos tecnológicos que mais alterou a dinâmica da sala de aula foi o papel, pois ele possibilitou diferentes atividades, em especial criou uma dinâmica de avaliações inteiramente novas no ambiente escolar. O papel permitiu a comparação de trabalhos ao longo do tempo, possibilitou o registro de atividades, a realização de provas de forma simultânea, no lugar das provas orais. Ele também foi importante para a mudança nos tempos e espaços escolares ao se introduzir a lição de casa em que as atividades escolares passaram a ocupar o tempo para além da escola, o espaço doméstico, não só dos estudantes, mas também dos professores que poderiam corrigir trabalhos e avaliações em outros tempos e espaços. Até hoje não tivemos uma mudança tão significativa nas práticas pedagógicas quanto a introdução do papel, tanto para folhas e cadernos quanto livros com atividades, textos e ilustrações. O conhecimento não estava mais apenas no professor e na transmissão oral, mas compartilhado e acessível para além dele.

Vale lembrar que nada disso aconteceu rapidamente, essas introduções foram acontecendo bem devagar em diferentes regiões do mundo. E até hoje poderíamos encontrar lugares ao redor do planeta em que o papel ou os livros não estejam tão acessíveis em função das desigualdades sociais que vivemos.

Apesar de não ter sido a mesma revolução que o papel, a introdução de apostilas, de computadores, de aplicativos, de jogos, de kits de laboratório, tudo isso mudou a prática pedagógica. Vejamos algumas perguntas que podemos fazer sobre as mudanças vindas pela introdução de novos recursos e tecnologias:

- Quem desenvolveu esse recurso/tecnologia? Qual a relação dessa instituição com a sala de aula, seus interesses, conhecimento sobre aquele contexto em que será introduzido o novo aparato?
- Quem decidiu fazer uso desse novo recurso/tecnologia?
- Como foi a preparação do professor para essa mudança?
- Como foi a integração dos estudantes com esse novo recurso/tecnologia?
- Quais as vantagens divulgadas para aquisição desse recurso/tecnologia?
- Quais os desafios percebidos na nova dinâmica da sala de aula? Quem fez a escuta desses desafios e quais soluções foram propostas?
- Quais as reais percepções dos professores e estudantes diante dos novos recursos e tecnologias?
- Mudou alguma coisa na relação professor-aluno?
- Mudou alguma coisa no fazer do professor e no fazer do aluno?
- Mudou alguma coisa na relação do estudante com os conteúdos e objetivos de aprendizagem?
- Essa mudança impactou não somente a sala de aula, mas também outras esferas institucionais, como comunicação, finanças, compras, sistema de dados, controles etc.?
- Mudou de alguma maneira os tempos e os espaços das atividades pedagógicas?

INSPIRAÇÕES PARA SALA DE AULA

Diante dessas reflexões e considerações sobre a sala de aula, vejamos alguns exemplos de inovação nessa instância de atuação que podem inspirar outros projetos e estimular reflexões sobre outras formas de ensinar e aprender.

MOVIMENTO DA ESCOLA MODERNA DE PORTUGAL (MEM)

O MEM teve início na década de 1960 junto ao Movimento da Escola Moderna Francesa, ligado à Célestin Freinet (1896-1966). No decorrer dos anos, o projeto foi ganhando autonomia e hoje apresenta características próprias. Sérgio Niza, pedagogo português, começou a reunir um grupo de educadores para estudar sobe práticas pedagógicas. O grupo seguiu realizando encontros mensalmente e hoje conta com centenas de membros ativos e diversos professores interessados por todo o país.

A metodologia se estrutura sobre cinco pilares: trabalho por projeto em cooperação; comunicação e difusão do trabalho desenvolvido entre os estudantes; construção ou revisão de conceitos e saberes com colaboração do professor e dos demais alunos; trabalho autônomo com acompanhamento individual; e conselho de cooperação educativa.

Essa metodologia foi sendo constituída ao longo dos encontros dos professores e segue sendo aprimorada num processo contínuo de pensar e escrever sobre a prática docente. A escrita, para Sergio Niza, é a peça-chave do trabalho do professor, já que este é fundamentalmente um trabalho prático e intelectual, não podendo se configurar sem ambas as atividades. A escrita também se mostra necessária para todos os estudantes nos diversos níveis de ensino, uma vez que é por ela que o aluno se torna o autor do seu processo de aprendizagem e passa a expressar sua visão sobre os assuntos, seu pensamento e sentimento diante de tudo que lhe é apresentado pelo professor, pelos colegas e pela dinâmica do grupo.

Semanalmente, os estudantes desenvolvem atividades individuais de estudo, atividades dirigidas pelo professor, conselho de cooperação educativa e planejamento. As salas "de aula" se transformam em laboratórios de estudo, em que alguns alunos fazem experiências ocupando uma mesa maior ao fundo, enquanto outros estudam e resolvem seus roteiros de diversas áreas, seguindo o planejamento feito pelo estudante para a semana, ao mesmo tempo também em que outros leem livros num cantinho com almofadas e outros ainda se sentam com o professor para tirar dúvidas ou revisar algum conteúdo.

Esse modelo não é adotado por escolas, mas, sim, por professores que trabalham na educação infantil, ensino fundamental e médio em escolas regulares, que podem ou não ter outros professores utilizando-se desta mesma abordagem em outras salas. Por ser um modelo bastante sério com grande respaldo teórico, elaborado pelos próprios professores e compartilhado mensalmente nos sábados pedagógicos, na rede dos membros ou pela revista impressa do Movimento, os professores vão avançando na reflexão de suas práticas e incorporando cada vez mais aspectos dessa metodologia no cotidiano de suas escolas.

Essa proposta de inovação na sala de aula é baseada na crença de que é o professor, dialogando com seus pares, que será capaz de oferecer uma educação de qualidade e emancipadora.

CULTURA *MAKER*

A cultura *maker* é um legado do "faça você mesmo", a cultura de garagem vinda dos EUA e da França, mas que não se difere da essência de toda nossa tradição das manualidades que caracteriza a humanidade há tantos séculos. Vem, portanto, como um resgate e um convite para recuperarmos essa forma de aprender por meio do fazer, do criar com as mãos, por resolver problemas complexos a partir da experimentação, da criação de protótipos, da criatividade.

É apropriada pelo mundo digital em seus primórdios, na criação dos computadores e acessórios se associada à lógica *hacker* (no sentido positivo da palavra) de compreender os sistemas e engrenagens por dentro, por decifrar os softwares e hardwares para corrigi-los ou aprimorá-los, o que inclui, muitas vezes, a ideia de códigos abertos para democratizar o acesso ao conhecimento para uma grande rede de pessoas.

Na educação, entra como um laboratório ou um kit de ferramentas e materiais que permite o desenvolvimento de diversas competências que potencializam o processo de aprendizagem de conteúdos conceituais. Possibilita uma dinâmica diferente na sala de aula, valorizando outras habilidades e papéis dos estudantes. Sua base teórica é o construcionismo de Papert, que hoje inspira projetos como a Rede de Aprendizagem Criativa, a Rede de FabLabs e FabLearns, entre outros.

O que vemos hoje são diferentes apropriações dessa proposta, que ilustram o que pode acontecer com processos de inovação. Criar um laboratório *maker* com fins pedagógicos significa não apenas encontrar um espaço físico com recursos específicos, mas também ter profissionais que saibam operar essas máquinas e ferramentas, e, mais do que isso, que saibam criar propostas pedagógicas a partir disso. A intenção não é dar aulas sobre impressão 3D, mas utilizar uma impressora como essa para criar artefatos pedagógicos que auxiliam no processo de aprendizagem, testando hipóteses, criando protótipos para a compreensão de determinados objetivos pedagógicos. O laboratório não é isolado como uma nova disciplina, ele integra o projeto pedagógico do curso por meio do coplanejamento dos professores de disciplina com o professor do laboratório, com as aulas acontecendo nesse espaço e com os alunos frequentando o local para criarem projetos que os instiguem. Isso significa, por parte da gestão, a manutenção de um espaço diferenciado na escola que precisa de cuidados e recursos especais, mas também de planejamento da forma de integração das disciplinas, casando horários de aulas e professores, estimulando outras formas de ensinar e aprender dentro da escola. Hoje muitos laboratórios também passaram a ser os responsáveis pela área tecnológica das escolas, se integrando ao departamento de tecnologia educacional, já outro se tornaram responsáveis pelos componentes curriculares ligados à Computação.

São inúmeros bons casos de laboratórios *maker* em escolas e universidades, porém a apropriação dessa inovação exige estudo e dedicação. Como essa forma de trabalho requer formação de professores, vontade política das redes, recursos, novas formas de gestão e coordenação nas escolas, em alguns lugares vemos uma apropriação parcial dessa proposta, indo para um caminho facilitado por meio de apostilas e materiais didáticos prontos para serem implementados por professores em suas salas de aula, opção essa contrária a toda filosofia que embasa a cultura *maker*. Também vemos lindos laboratórios que servem de vitrine para que os pais se impressionem com a escola, ao se associar a conceitos de modernidade e inovação, quando, de fato, a instituição não se apropria dessa abordagem. Ambas as práticas revelam que o discurso de inovação é sedutor para famílias, gestores, professores e estudantes, mas que mexer em estruturas profundas da escola tradicional é difícil, trabalhoso e requer estudo e vontade, do contrário prejudica projetos sérios, que passam a ser julgados por pessoas que não sabem diferenciar os trabalhos feitos nas diferentes escolas, minimizando a riqueza e potência de práticas como essas.

PENSAMENTO VISÍVEL

As rotinas de pensamento visível desenvolvidas pelo Projeto Zero de Harvard são um exemplo de como os professores em qualquer contexto escolar podem trazer mais potência para suas aulas. Foca na metacognição a partir de perguntas e pequenos roteiros, como "*antes eu pensava que... agora penso que...*", para sistematizar o que os alunos aprenderam depois da aula ou de atividade como "*palavra, frase, sequência*" para auxiliar na compreensão de textos. São propostas simples que buscam desenvolver o pensamento dos estudantes a partir do compartilhamento e reflexão. Esse conjunto de técnicas pode colaborar com uma sala de aula mais dinâmica, focada em tornar visível os processos de aprendizagem.

Essa proposta não altera os papéis e as relações de poder existentes na escola tradicional, mas traz uma nova abordagem para uma tensão que existe na área de educação: o centro deve ser o aluno ou o conhecimento? Se por um lado temos a escola tradicional transmitindo conteúdos de forma homogênea para alunos passivos, do outro temos iniciativas disruptivas com alunos desenvolvendo projetos a partir de seus interesses. Por meio desse conjunto de técnicas é possível deslocar o foco do conhecimento para o pensamento sobre o conhecimento, já relacionando os conteúdos aos próprios estudantes, e compreendendo como estão se apropriando e desenvolvendo o pensamento, o que gera maior engajamento e oportunidade de trocas.

RESUMO

Neste capítulo, nos aprofundamos nos processos de inovação na sala de aula. São inúmeras as possibilidades de inovação nessa dimensão, podendo ter mudanças nos papéis e nas atividades dos professores, dos alunos, no tipo de conhecimento ou nos recursos e tecnologias que apoiam a relação pedagógica, algumas delas alterando os determinantes da organização escolar (tempo, espaço, relações de poder e saber).

Além da ação do próprio professor, podemos encontrar também materiais pedagógicos e novos recursos tecnológicos que entram como suporte para a ação docente, algumas vezes por escolha do professor, outras por decisão da escola ou da rede. Para nos ajudar a analisar esse tipo de mudança na sala de aula, este capítulo nos trouxe várias perguntas para compreendermos melhor cada uma dessas propostas.

Não existem projetos e iniciativas bons ou ruins por si só, mas precisamos entender em que contexto estão sendo desenvolvidos e utilizados, compreendendo que existem propostas que nos aproximam ou nos distanciam dos nossos projetos pedagógicos. São eles que devem nos guiar na tomada de decisão diante de um mundo tão estimulante e cheio de novidades.

Minhas histórias de escola

No início de 2020 começou a pandemia de covid-19 no mundo. Passamos a viver incertezas, inseguranças, flutuações emocionais, luto coletivo, desconstrução das rotinas e formas de vida a que estávamos habituados. Por alguns anos, eu vinha pesquisando e trabalhando com desenvolvimento socioemocional. Com a pandemia, passei a ministrar de forma remota a disciplina de Currículo para quatro turmas, 140 alunos do curso de Pedagogia. Decidi incluir as práticas de autocuidado e cooperação entre os estudantes, conectando a teoria de Currículo na perspectiva da Educação Integral com atividades concretas ligadas às dimensões física, emocional, social e cultural dos estudantes.

Foram diversos os dispositivos pedagógicos que utilizei ao longo do curso, tanto para ser coerente com a proposta da disciplina quanto para tentar superar alguns dos desafios que o modelo remoto trazia. Descrevo brevemente alguns deles:

- **Trilha encantada** – essa é uma atividade baseada na metodologia de projetos sustentáveis Dragon Dreaming, que propõe uma reflexão sobre nossa trilha de vida, destacando momentos que foram desafiadores, transformadores e de realização pessoal. A partir dessa atividade nos conectamos enquanto grupo, evidenciando que o que estávamos fazendo em cada encontro, com aquela configuração muito específica de pessoas e formas de interação, era singular e potente. A ideia de trilha foi relacionada ao conceito de currículo, introduzindo os alunos, a partir de suas subjetividades, aos conceitos da disciplina. Recebi feedbacks muito positivos dos estudantes com essa proposta, inclusive alguns levaram para suas aulas com as crianças.
- **Diário de bordo** – ao final de todas as aulas, os alunos preenchiam um questionário com uma autorreflexão sobre o encontro. Dentre as perguntas, estavam questões sobre o que o fez se sentir como se sentiu naquela aula, se uma conexão pelo conteúdo, pela metodologia, pela interação com a turma, o que fazia parte do currículo planejado pela professora e o que foi parte do currículo real, resultante da participação do grupo. Dessa forma, diariamente eles iam se autoavaliando e ganhando consciência sobre como os conceitos de currículo acontecem na prática nas escolas e salas de aula. Para além de uma proposta pedagógica, esse foi meu grande instrumento de monitoramento do curso. As questões abertas e fechadas me davam um feedback constante de como eles estavam se sentindo aula a aula. Alguns usavam o espaço final do questionário para dialogarem comigo, contarem coisas de suas vidas, e assim fomos estabelecendo um significativo vínculo.
- **Conversas individuais e e-mails de acompanhamento** – tanto pelo diário de bordo quanto pelo comportamento de alguns alunos ao longo do semestre, foi possível identificar algumas situações que precisavam de um acompanhamento diferenciado. Vivemos em um contexto muito desafiador, e abrir espaço para o diálogo e apoio pessoal foi muito importante para a manutenção de alguns alunos no curso, por vezes flexibilizando prazos de entrega ou apenas mostrando que estamos todos juntos fazendo essa travessia.
- **Carta do mês** – seguindo a metáfora do currículo como trilha/percurso, mensalmente eu escrevia uma carta mostrando em que momento da jornada nos encontrávamos enquanto grupo. Recebi um feedback de aluno sobre este dispositivo, em que dizia que sempre que abria o Ambiente Virtual de Aprendizagem e via a carta do mês, ele ganhava novo ânimo, reconhecendo tudo que tínhamos feito e o que estava por vir. Segundo ele, ver o cuidado que eu tinha com a disciplina o deixava com mais vontade de fazer as atividades do curso bem-feitas.

- **Atividade física, mental e cultural** – nossas aulas tinham 120 minutos de duração por semana, e sempre começávamos com uma atividade de alongamento e/ou meditação por dez minutos, as aberturas das aulas ou intervalos eram espaços para ampliarmos nossos repertórios culturais com música e poesia. A maioria das vezes, eu conduzia todas essas atividades, mas, conforme o semestre foi acontecendo, alguns alunos foram se sentindo à vontade para conduzir práticas e compartilhar conteúdo. Também compartilhávamos indicações de peças e shows que aconteceram ao longo do semestre de forma remota, salientando a importância das artes para mantermos nossa humanidade frente aos desafios sociais. Essas atividades, que eu tenho em meu dia a dia, não faziam parte da minha prática profissional. Durante a pandemia e pelas horas diante da tela, optei por trazê-las aos alunos.
- O trabalho com as emoções se deu de forma mais estruturada pela plataforma gratuita **Vivescer**, em que, como atividade assíncrona do curso, os estudantes deveriam fazer o percurso das Emoções, com conceitos e práticas de como desenvolver competências socioemocionais.
- Uma das tarefas centrais da disciplina foi a escrita de um **ensaio**, trabalho individual em que cada um deveria escolher um tema que fosse significativo e conectado com suas vidas para articular com os conceitos de currículo. Os temas foram dos mais variados, de currículo oculto para falar sobre racismo a currículo avaliado para falar sobre superação e vestibular. Os 140 ensaios foram compartilhados em uma mesma pasta no **Drive** e um estudante de outra turma iria ler e fazer comentários no texto. Essa atividade foi muito trabalhosa do ponto de vista logístico (alguns alunos pediram anonimato por se tratar de temas muito pessoais, o que me demandou concentrar o fluxo de trocas), gerou as reações mais diversas nos estudantes: de desconforto em corrigir o trabalho de alguém que não conheciam, como dar um feedback construtivo, até pessoas que amaram ler o trabalho dos outros. Muitas vezes, essa leitura possibilitou que fizessem uma segunda versão do seu próprio ensaio, muito melhor que a primeira, ao perceberem que um leitor externo cria um diálogo muito enriquecedor para a apropriação das relações conceituais do curso. Sair de um formato acadêmico, se conectar com um tema de suas vidas, compreender quão rica é a troca entre pares, formar futuros professores aptos em dar e receber feedbacks, tudo isso foi uma ótima experiência. A segunda versão era corrigida e comentada por mim, de modo que eu também pude acompanhar as trocas que aconteceram entre eles pelos comentários no arquivo e trazer para o grupo bons exemplos de interação entre pares. Deslocar os alunos de seus papéis passivos, em que o professor é o único detentor do saber, também desenvolvia uma revisão da tradicional relação saber-poder que temos nas escolas e na sociedade.

- A tecnologia foi uma grande aliada para trazer repertório diverso e representativo da cultura brasileira por meio das **entrevistas** a convidados. Em cada turma, tivemos a presença de um educador de referência da região Norte, Nordeste, Sul e Sudeste, trazendo representatividade étnica e cultural para falarmos sobre currículo. As entrevistas foram gravadas e disponibilizadas para as outras turmas.
- As trocas entre os alunos também aconteceram nas *breakout rooms* do **Zoom**, em que foram criados trabalhos bastante versáteis em modelo remoto, como representações teatrais, paródias etc.
- Como a principal interação assíncrona com os alunos se dava pelo **Ambiente Virtual de Aprendizagem**, este ficou com muitos conteúdos ao longo do semestre. Entender a melhor forma de dialogar com os alunos por ali foi essencial. Criei uma aba chamada "Currículo Mínimo" com textos, vídeos e entrevistas que eram estruturantes do curso, para que aqueles que tivessem dificuldade de acompanhar tudo pudessem focar naqueles conteúdos. Criei também um **Padlet** com um grande mapa mental da disciplina, com os links para os textos e vídeos. O Padlet e o **Thinglink,** em que organizei os conteúdos de forma mais visual, foram muito acessados pelos alunos, especialmente os que queriam se aprofundar nos conteúdos extras.

A partir do diário de bordo (total de 842 respostas), pude monitorar o andamento da disciplina e o resultado de cada uma dessas estratégias. Duas perguntas eram especialmente importantes para aquele momento: o nível de energia dos alunos na chegada e na saída das aulas. As respostas mostraram o nível de cansaço com que vinham para as aulas no contexto da pandemia, em que trabalhavam como estagiários de forma remota e alguns presencialmente – 40% relataram sair com mais energia depois da nossa aula remota, mesmo sendo já tarde da noite.

Trazer uma proposta diferente de curso trouxe dificuldades especialmente no começo, em que o vínculo não estava estabelecido. Houve dias bem desafiadores em que pensei transformar tudo em aula expositiva e exigir menos de todos, considerando nosso contexto. Mas trabalhando com inovação educacional, sabia dessas resistências, que são naturais quando falamos de mudanças naquilo que nos é confortável, seguro e que sabemos operar. O que me fez seguir foi tanto a crença de que a educação integral era ainda mais necessária naquele contexto da pandemia quanto o feedback dos alunos mostrando a diversidade de opiniões diante da proposta. O que era desafiador para alguns, era muito significativo para outros. O fato de termos um canal de comunicação me permitiu trabalhar com esses estudantes individualmente.

Perceber que é possível ter uma prática pedagógica significativa, mesmo diante de contextos tão desafiadores, foi o aprendizado que levei dessa experiência, das mais difíceis que tive como professora.

Escolas em movimento: projetos pedagógicos significativos

Neste capítulo, vamos compreender:

- A escola como principal *locus* da inovação educacional.
- O projeto pedagógico como o eixo central dos processos de inovação.
- A inovação como uma ação coletiva da comunidade escolar.
- Os desafios de avaliar inovação e possíveis caminhos para isso.

INOVAÇÃO NA ESCOLA

A inovação educacional pode acontecer em diversas instâncias: na sala de aula, na organização escolar, nos sistemas de ensino, nas políticas públicas; motivada por novas concepções de educação, novas tecnologias, ou novas leis. Mas em uma dessas instâncias ela é especialmente potente: na escola.

A escola é um espaço especialmente fértil para a inovação acontecer por estar entre a sala de aula e as políticas públicas. Nesse nível intermediário, ela é capaz de ampliar as ações de inovação na sala de aula e, por sua autonomia relativa, também consegue desenhar projetos significativos para aquele contexto e aquela comunidade escolar, de forma mais tangível e direta que as políticas públicas.

São muitos os casos de escolas inovadoras, com os mais diversos nomes que essa palavra abriga: escolas democráticas, escolas integrais, escolas experimentais, escolas-modelo, escolas-piloto, escolas de referência, entre outras. A história da educação está repleta desses casos e nossa atualidade também, porém nunca tiveram força suficiente para mudar o próprio sistema de ensino. Tornaram-se exemplos inspiradores, duraram anos ou até décadas, beneficiaram muitos estudantes, famílias e comunidades, mas não viraram um novo modelo de educação representativo ao redor do mundo. Os invariantes da escola do século XIX são muito fortes e cristalizados na estrutura burocrática do sistema e no imaginário de todos que passaram pelo processo de escolarização. Aquela configuração espacial e temporal com relações de poder e de saber bem típicas da escola tradicional ainda é o modelo hegemônico. Por isso, até podemos ver algumas propostas de inovação, como melhorias contínuas, em que se vai aprimorando as estruturas e trazendo mais coerência para os vários processos existentes dentro da escola a partir de mudanças pontuais e constantes. Mas isso se dá sem romper com aspectos estruturantes dessa antiga forma de se fazer educação. E isso, como Bourdieu já apontou há tantos anos, exclui e segrega, e, também, como Paulo Freire destacou, oprime.

Romper com essa estrutura é, portanto, a busca de educadores e gestores por uma educação emancipadora e significativa. É justamente cada contexto e comunidade que dirá qual será a solução para isso. A inovação deve partir do que é significativo para aquelas pessoas, quais os desafios concretos que estão enfrentando e propor soluções criativas para isso. Somente por meio desse processo teremos inovações reais acontecendo, que terão solo para que se fixem e floresçam.

Produtos prontos e demandas externas trazem mais desafios do que soluções para as escolas, por isso, junto com a solução, vem a "formação de professores", porque não estamos falando de formação em seu sentido mais amplo de desenvolvimento daquele profissional, mas, sim, de treinamentos para adoção de determinados produtos e propostas, na tentativa de aumentar a aderência daquilo que será implementado e que foi pensado fora daquele universo escolar.

A inovação deve ter como eixo orientador, como a coluna vertebral de tudo que for feito na escola, seu projeto pedagógico. Ele está sistematizado na forma de um documento que é a cultura organizacional daquela instituição, vivido por aqueles professores e estudantes. Um projeto que parte do conhecimento de seu contexto, de sua comunidade, que entende quem são suas famílias, seus desafios, que sabe as potencialidades e os limites de seus professores e colaboradores, que tem clareza sobre sua visão de educação, de como a aprendizagem acontece, do que é importante para formar as crianças e jovens para o mundo que visualizam conjuntamente. É esse projeto pedagógico que indica para cada um dos profissionais o que faz ou não faz sentido e é a partir dessa reflexão que se poderá fazer escolhas de quais novas tecnologias adotar, como se posicionar frente a novos desafios, quais ações priorizar. A escola não deve ser uma colcha de retalhos de novos produtos lançados ano após ano para o mercado educacional, uma árvore de Natal em que se pendura tudo que brilha e que parece bonitinho. Escola é um projeto que precisa de coerência e significado e, às vezes, para isso é preciso mudanças pontuais, às vezes mudanças disruptivas, mas cujo propósito certamente justifica os esforços.

Esse trabalho, além de complexo, é sistêmico, não basta ser vivido pelo gestor que fica restrito aos documentos e intenções da escola. Para que, de fato, seja uma prática pedagógica dentro daquela instituição, professores, estudantes, colaboradores e famílias precisam estar envolvidos. São diversas as possibilidades para que isso seja feito, desde abrindo espaços para participação ativa e efetiva de todos, por meio de assembleias, instâncias de representatividade e gestão democrática, a formas mais pontuais e específicas de escuta da comunidade por meio de formulários de pesquisa, por exemplo.

Quando a comunidade percebe que foi envolvida e que suas ideias estão contribuindo com a construção daquele espaço, um vínculo de confiança é estabelecido, um senso de pertencimento – algo extremamente valioso não só para os projetos de inovação, mas para o dia a dia da escola – faz-se sentir, os conflitos são resolvidos mais facilmente, os projetos fluem, mais e mais pessoas vão se envolvendo e garantindo que não haja sobrecarga de alguns poucos. Uma comunidade escolar fortalecida já é um dos objetivos de uma boa escola, que os projetos de inovação podem ajudar a articular.

Para ilustrar o que apresentamos até aqui, trago o exemplo da Escola Municipal Professor Waldir Garcia, em Manaus (AM), situada às margens de um igarapé no bairro São Geraldo. Fundada em 1987, a instituição atende alunos dos anos iniciais do ensino fundamental em uma região marcada por alta vulnerabilidade social, onde muitos residem em palafitas e enfrentam desafios como enchentes, incêndios, fome, e carência de moradia, alimentação e saúde.

A escola, no passado, enfrentou uma elevada taxa de evasão escolar. Contudo, a partir de 2005, a escola iniciou uma profunda reformulação de sua metodologia. Em 2015, com a emergência do Coletivo Escola Família Amazonas, a Waldir Garcia consolidou-se como uma das primeiras instituições na região Norte do Brasil a demonstrar que, por meio do diálogo e da colaboração, é possível oferecer uma educação inclusiva e de qualidade.

Essa transformação impactou diretamente o Índice de Desenvolvimento da Educação Básica (Ideb) da escola, subindo seus indicadores de 3.5 para 4.4, depois para 5.8, até alcançar notas consecutivas de 7.4, 7.4 e 7.5 em três avaliações externas, consolidando-a como uma das melhores escolas de Manaus e assegurando o direito de aprendizagem de seus alunos. Sob a gestão da diretora Lúcia Cristina Cortez, a Waldir Garcia se tornou reconhecida como uma referência tanto no Brasil quanto internacionalmente, inspirando outras instituições com sua metodologia e resultados.

A proposta educacional da escola é baseada na educação integral, que concebe o estudante em todas as suas dimensões: emocional, social, cultural, física e intelectual, e o posiciona como protagonista de sua própria aprendizagem. A gestão da escola é colaborativa e democrática, centrada na pedagogia do cuidado, que enfatiza o respeito ao próximo.

Algumas de suas práticas pedagógicas são:

- Desenvolvimento de competências "do século XXI", como empatia, protagonismo, criatividade e trabalho em equipe.
- Espaço aberto à diversidade, acolhendo um número significativo de alunos imigrantes e refugiados, principalmente do Haiti e Venezuela, e estudantes com necessidades especiais (como autismo), integrando-os ao ensino regular. A comunidade escolar vai além, oferecendo aulas de crioulo e francês, ministradas pelos próprios pais dos alunos haitianos e venezuelanos, para aprimorar a comunicação e o acolhimento, garantindo que "ninguém fique para trás".
- Participação ativa das famílias, que são envolvidas no processo pedagógico não apenas em reuniões, mas como tutoras e em frentes de trabalho colaborativas, atuando em reparos e manutenção da escola com base em suas profissões, o que cria uma educação compartilhada.
- Protagonismo estudantil: os alunos participam ativamente das decisões da escola por meio de assembleias semanais, onde discutem e votam sobre assuntos importantes. O ambiente de sala de aula é

transformado, com o uso de mesas em vez de carteiras enfileiradas para estimular a interação e o trabalho em grupo e colaborativo, diminuindo a competição.

- Avaliação qualitativa e fim da reprovação: a escola aboliu as provas tradicionais e não reprova estudantes desde 2015. O foco é na avaliação formativa e qualitativa, incentivando a autoavaliação dos alunos e identificando dificuldades para intervenções pedagógicas personalizadas.
- Metodologias ativas: utiliza roteiros de estudo, que promovem a autonomia do aluno, e as rodas de conversa com tutores para estabelecer uma relação de confiança e acompanhamento individualizado. Valoriza a exploração do entorno e os saberes dos territórios.
- Formação continuada abrangente: todos os funcionários, desde porteiros a merendeiras, são considerados educadores e participam da formação continuada, contribuindo como tutores e atores no processo educativo.
- A escola funciona em tempo integral, com ensino regular pela manhã e diversas oficinas à tarde, como Teatro, Iniciação Científica, Esportes, Filosofia, Língua Inglesa, Literatura, Mídia, Matemática Lúdica e Dança.

Durante a pandemia de covid-19, a escola se tornou um local de acolhimento seguro, funcionando inclusive como hospital de campanha em parceria com os Médicos Sem Fronteiras. Distribuiu cestas básicas, celulares e televisores para garantir a continuidade do aprendizado e o apoio às famílias em situação de risco.

A Escola Municipal Professor Waldir Garcia tem sido amplamente reconhecida por sua metodologia inovadora e seus resultados transformadores, já tendo recebido prêmios e sendo convidada para integrar projetos:

- Prêmio Itaú-Unicef "Educação Integral 2017: parcerias em construção".
- "Escola Transformadora" (Changemaker School) pela Ashoka.
- Em parceria com o Unicef, a escola criou a plataforma Edumigra, que compartilha estratégias para trabalhar com imigrantes e refugiados que chegam sem dominar o idioma.
- Integra o conselho consultivo do Centro de Referências em Educação Integral.
- Participa do programa Escolas 2030.

AVALIAÇÃO DE ESCOLAS INOVADORAS

Um dos desafios que os projetos educacionais inovadores enfrentam é a forma com que nos aproximamos deles, com que lente vamos buscar evidências para considerá-los bons projetos. A dificuldade em avaliar projetos dessa natureza foi inclusive tema de doutorado do professor José Mário Pires Azanha, que fez uma crítica à falta de preocupação com a avaliação dos resultados das experimentações educacionais no país.

Para o professor, não se poderiam usar os critérios da pedagogia tradicional para avaliar outras experiências pedagógicas. Além disso, qualquer comparação cientificamente válida só poderia ser feita se os fatores condicionantes (alunos, professores, escola e comunidade) fossem comparáveis.

O Programa global Escolas 2030, desenvolvido no Brasil pela Ashoka e pela Faculdade de Educação da USP, traz como proposta metodológica a pesquisa-ação, que envolve as próprias escolas no processo de avaliação de suas práticas em diálogo com a universidade, mudando a relação de saber e poder que fundamentam muitas pesquisas acadêmicas. Em um dos trabalhos de síntese de grupo, foi feito um relatório sobre avaliações. Constatou-se que nas mais de 70 escolas que integravam o programa, em 2022, a maioria considera as avaliações externas como relevantes para o aprimoramento de suas práticas e em maior número ainda as avaliações internas como elemento importante para o desenvolvimento institucional. O que revela que, se bem utilizadas, as avaliações externas também podem colaborar com projetos inovadores, uma vez que algumas delas já têm como foco competências e não apenas conteúdos, bem como respostas abertas e diversas, não apenas uma única alternativa.

O estudo contemplou as seguintes avaliações externas:

- Prova Brasil
- Avaliação Nacional de Alfabetização (ANA)
- Avaliações Estaduais, como o Saresp
- Avaliações Municipais, como a Prova São Paulo e a Provinha São Paulo
- Pisa
- Enem
- Ideb, calculado a partir do Censo Escolar, do Saeb e da Prova Brasil

Como avaliação interna, o Programa considera como dimensões de aprendizagem que garantem uma educação integral e transformadora para todos: a colaboração, a empatia, a criatividade, o protagonismo e o autoconhecimento.

As escolas que integram o Programa são parte do Movimento de Inovação Educacional, originário na iniciativa do Mapa da Inovação e Criatividades na Educação Básica desenvolvido pelo MEC em 2015, cujos critérios para considerar uma organização educativa inovadora eram:

- Gestão que visa à corresponsabilidade na construção e à gestão do projeto pedagógico.
- Currículo integral com processos de participação na produção de conhecimento e cultura, a partir das identidades do território e interesse dos estudantes.
- Ambiente que favoreça as trocas, o acolhimento, a solidariedade, a criatividade e a diversidade.
- Metodologias que possibilitem o protagonismo e autonomia do estudante na produção de seu conhecimento, envolvendo processos personalizados que reconheçam os ritmos, interesses e singularidades dos estudantes.
- Intersetorialidade garantindo uma rede de direitos a partir de um trabalho articulado de atores sociais e institucionais.

Nesta perspectiva foram reconhecidas como inovadoras 178 escolas pelo Brasil, que podem ser melhor conhecidas no site do Movimento de Inovação Educacional. Já na plataforma Reevo, que, quando ativa, era a principal plataforma da América Latina, tínhamos mapeado mais de 770 escolas e projetos pelo mundo, dos quais 99 eram no Brasil. A plataforma InovveEdu da Wise/Fundação Qatar reunia 96 experiências pelo mundo, algumas delas estão detalhadas no livro *Edushifts: o futuro da educação é agora*, outras também podem ser encontradas em *Inovações radicais na educação brasileira*, *Volta ao mundo em 13 escolas*, e *Caindo no Brasil*, bem como nos documentários *Quando sinto que já sei*, *sementes do nosso quintal*, na série *Destino: educação* e na minha tese de doutorado *O movimento brasileiro de renovação educacional no início do século XXI*. Historicamente, as experiências são ainda mais diversas e podem ser conhecidas pelo livro *Educação de alma brasileira*.

Para trazer uma nova contribuição na perspectiva da inovação escolar, proponho uma autorreflexão por parte da gestão, professores e estudantes:

PARA QUE INOVAR?

As razões para o processo de inovação podem ser as mais variadas, mas é importante que seja reconhecida a partir da realidade daquela escola. Rodeados por slogans e tantas propostas destinadas às escolas públicas e particulares, é possível que nos ludibriemos de que "inovar é preciso", que achemos que as famílias ou nossos alunos "precisam" de algo que ainda não temos. Essa reflexão com a comunidade escolar é fundamental para identificar o que é significativo para aquelas pessoas, naquele contexto. Encontrar a nossa finalidade, e não uma finalidade genérica para o processo de inovação, é fundamental.

Uma vez identificado um problema, uma questão, um desafio, um dilema ou um propósito, sugiro que identifiquem em qual dessas categorias ele se enquadra:

- **Aprendizagem significativa** – garantir que todas as crianças, jovens e adultos aprendam sobre si e sobre o mundo, assegurando o direito à aprendizagem, o senso de pertencimento à sua cultura e à humanidade, a fim de prepará-los para a vida e o trabalho de seu tempo em um ambiente seguro e estimulante.
- **Equilíbrio financeiro** – muitos projetos educacionais não consideram essa dimensão como prioritária, mas é fundamental que o projeto tenha sustentabilidade financeira para seguir cumprindo com sua missão, seja na esfera pública, no terceiro setor ou na iniciativa particular. Esse equilíbrio deve ser um eixo importante a ser considerado. Recursos bem utilizados viabilizam tanto a sustentação do projeto quanto a possibilidade de investimento em novas ações, trazendo mais qualidade ou escala. Aqui se encontram as ações que buscam otimizar processos operacionais ou trazer mais recursos para a escola.
- **Integração com o território** – como a escola pode ser um agente articulador de sua comunidade e estar em diálogo profundo com a cultura a que pertence.
- **Participação** – garantir diferentes formas de participação de toda a comunidade. Ampliar a forma dos estudantes, professores e famílias serem protagonistas do projeto pedagógico, garantindo uma educação inclusiva, sem diferença de gênero, raça, classe social ou idade.
- **Sustentabilidade** – como o projeto pedagógico e a gestão institucional podem contribuir com uma prática regenerativa, garantindo que os insumos da escola sejam recicláveis, reutilizáveis e a educação ambiental oriente as ações e o currículo da escola.

Iniciar o processo de mudança por um ponto reconhecido pela comunidade escolar é importante. Algumas escolas tentam mudar tudo de uma única vez e acabam voltando em algumas etapas depois, é importante que as mudanças sejam feitas conforme o nível de maturidade da instituição, que vai aprendendo a trabalhar junto e conseguindo implementar as ideias e validar que os objetivos que tinham foram alcançados. Isso não significa que só podemos ampliar nosso propósito de inovação quando estivermos plenamente satisfeitos com nosso objetivo inicial, ao contrário, todos eles estão articulados entre si, e avançar em apenas um irá gerar descompasso com os demais, o que limitará o alcance do primeiro objetivo. Então, conforme a comunidade for avançando, é importante ampliar seu olhar para a aprendizagem significativa, o equilíbrio financeiro, a integração com o território, a participação dos estudantes, professores, colaboradores e famílias, e repensar suas ações a partir da sustentabilidade.

O QUE SERÁ FEITO?

Existem muitas formas de inovar em educação. Uma vez identificado por onde começar, estudar sobre o assunto e ampliar o repertório com inspirações de outras escolas e projetos é um bom começo, especialmente se isso puder ser feito em conjunto, como um grupo de estudos. Foi assim que teve início, por exemplo, a Escola da Ponte em Portugal.

Dependendo do que foi definido, abrir um comitê ou um grupo de trabalho para levar a proposta adiante pode ser uma forma de não perder a energia do grupo. Em outros casos. a aquisição de algum produto ou serviço pode ser necessária, então participar de feiras e eventos, analisar portfólios de empresas e instituições pode ajudar a tomar a melhor decisão com base no que a escola precisa.

Na determinação desse escopo de trabalho é importante definir prioridades, uma vez que não temos pessoas, tempo e recursos infinitos. Cabe aqui analisar cada uma das mudanças sugeridas e entender se é um ponto crítico que permite processos de melhoria, se há espaço para melhoria, mas não se trata de uma prioridade para a instituição, ou se já é uma dimensão bastante alinhada com o projeto pedagógico que pode esperar outras frentes estarem também mais alinhadas para que possa receber a energia e dedicação do grupo.

Na escola, costumamos ter algumas áreas que podem ser analisadas a partir de macroprocessos:

- Pedagógica
- Operacional/Infraestrutura
- Comunicação
- Secretaria
- Financeira
- Gestão
- Parcerias
- (em escolas particulares, incluir a área Comercial)

Como cada uma dessas áreas poderia ser transformada e colaborar com o processo de transformação das outras áreas? Como os procedimentos de cada uma delas colaboram com o projeto pedagógico da escola? Entender que a escola tem a dimensão pedagógica e administrativa em comunhão, sendo a experiência dos estudantes fundamental para entender que a inovação nas relações de saber e poder, tempo e espaço não cabe apenas na ação do professor, é preciso que esteja na instância de gestão escolar.

COMO FAZER A MUDANÇA?

Talvez você conheça um provérbio que diz: "se quer ir rápido, vá sozinho; se quer ir longe, vá acompanhado". Processos de mudança envolvem aspectos práticos, mas muito trabalho relacional, de engajar pessoas, cuidar para que todos se sintam pertencentes, que as várias ideias sejam acolhidas. Esse esforço traz mais lentidão para o processo, mas o torna muito mais significativo para todos os envolvidos, com propostas mais alinhadas e interessantes, ampliando as chances de as mudanças também serem efetivas e duradouras. São diversas as esferas de envolvimento, a depender do grupo de trabalho e das relações ali estabelecidas. Se hoje ainda não é uma realidade, é possível ir construindo esse ambiente seguro em que as pessoas aos poucos vão entendendo das esferas de decisão e aprendendo a falar e ouvir para as tomadas de decisão coletiva.

Algumas metodologias, originalmente do universo da facilitação e do empreendedorismo social, podem colaborar com essas práticas no contexto educacional, tais como: comunicação não violenta; sociocracia; arte de anfitriar conversas significativas (AoH); *dragon dreaming* – gestão de projetos para transição; *design thinking*; entre outros.

Muitas escolas também já possuem experiência com assembleias, com gestão democrática e com estruturas cooperativistas, que podem trazer boas contribuições teóricas e práticas para as escolas que queiram iniciar seus processos coletivos de inovação educacional.

Algumas vezes, os projetos de inovação também precisam de recursos, e a rede de pessoas também é muito boa para isso, para pensar de forma criativa como cada um pode colaborar, desde voluntariado a conseguir parcerias com instituições que possam doar dinheiro ou materiais, levantar fundos, buscar investidores, buscar outras formas ou prazos para custear o projeto, desenvolver projetos-piloto, fazer permutas. As respostas que surgem do coletivo costumam ser muito variadas e vale a pena abrir frentes diferentes para ver qual melhor se adequa às necessidades daquele projeto.

AVALIAÇÃO DO PROCESSO E DO RESULTADO

Devolutivas constantes para a equipe envolvida são importantes para manter o engajamento de todos, de modo que cada um tenha ciência sobre os aspectos positivos e desafiadores do projeto, podendo contribuir a seu modo, celebrar ou se apoiar enquanto coletivo.

Em projetos de inovação, o processo é tão importante quanto o objetivo final, pois se trata de uma mudança de cultura. Se queremos que, ao final, a escola seja um lugar mais participativo, é no processo que vamos construindo as bases para isso; se queremos que a escola seja um lugar mais sustentável, é cuidando de como o projeto está sendo desenvolvido que criamos as referências de sustentabilidade da escola; se as estruturas de custo da instituição irão mudar, é sinalizando pela ação de cada um, em especial dos gestores, que os gastos e as escolhas que fazemos devem ser diferentes. A coerência institucional é fundamental.

Além do acompanhamento do processo de inovação, é importante mensurar resultados que nos são preciosos e que motivam as mudanças na escola. Voltando aos propósitos da inovação, é fundamental trazer indicadores tangíveis que possam ser acompanhados e validados para compreendermos se alcançamos ou não nos objetivos que tínhamos, que podem ser específicos, como a inauguração de um espaço na escola, e até mais gerais, como transformação da metodologia da escola, ser medidos por indicadores de percepção, como X alunos gostaram mais da proposta, ou quantitativos, como as avaliações externas e internas, comparando os resultados obtidos antes e depois da mudança.

Como vimos, a inovação na educação é um processo contínuo, é um modo de ser. Escolas inovadoras são aquelas que estão em movimento, são vivas e dinâmicas, que pulsam com sua comunidade, que trazem os interesses de seus estudantes e professores para o diálogo com a ciência, que estão em constante construção por pensar e repensar suas práticas, buscando significado para aquele momento histórico e aquelas pessoas que agora estão ali. Escolas que vão descobrindo, a partir do encontro, novas relações e formas de organização, que estão abertas ao diálogo com pessoas e ideias, revelando isso também em seu currículo, que ocupam seus espaços e seus tempos a partir do projeto pedagógico, ao invés de conformá-lo aos invariantes da organização escolar ou de demandas externas a ele.

Minhas histórias de escola

Quando assumi a coordenação do curso de Pedagogia, havia desafios bem concretos: mesmo sendo um dos melhores cursos do Brasil, segundo os dados do Inep, um número cada vez menor de pessoas se matriculavam, o que foi interpretado pela consultoria contratada como sendo em função da atratividade de cursos presenciais, ancorados pelo impressionante dado de que, em 2022, 94% das matrículas nas licenciaturas particulares ou comunitárias do Brasil foram em cursos à distância, segundo o Censo da Educação Superior daquele ano. Isso criava o desafio de reduzir custos, de trazer mais momentos síncronos (remoto simultâneo, normalmente por videochamada) e assíncronos (remoto em qualquer horário, por meio de sugestões de atividades, por exemplo) e de engajar nosso atual corpo docente nessa proposta, bastante diferente da que vivíamos e acreditávamos. Além disso, nosso curso sempre foi reconhecido por ser um curso na vanguarda das propostas pedagógicas, e carecia de atualizações para seguir sendo. Por fim, mas não menos desafiador, a presidente do Instituto gostaria que gerássemos impacto para o Brasil.

Quem faz as mudanças curriculares e pedagógicas nos cursos de graduação é o Núcleo Docente Estruturante (NDE), um grupo de quatro professores nomeados pela coordenação. Mas eu queria que essa mudança envolvesse a todos, que os alunos também tivessem voz, uma vez que o curso e as mudanças são para eles. As aulas começaram em março e, junto com uma série de novas instâncias de participação estudantil, como assembleias mensais, reuniões semanais com representantes de classes e canais coletivos de participação, fizemos o convite para o Comitê de Inovação da Pedagogia, formado por professores e estudantes.

Nosso objetivo era "preservar nossa excelência e seguirmos inovando na formação inicial de professores". Durante todo o semestre, fizemos encontros semanais de uma hora em que alguns estavam presencialmente no Laboratório de Inovação da faculdade e outros se conectavam pelo Zoom, alternando a cada semana entre o horário da manhã e do final da tarde para que mais pessoas pudessem se envolver no projeto. O professor do laboratório e a coordenadora de estágio tiveram especial envolvimento, colaborando com a estruturação dos encontros.

Nossa primeira ação conjunta foi estudar alguns documentos que sistematizavam a proposta atual do nosso curso. A partir dessas referências, desenvolvemos uma pesquisa para que todos os professores do curso respondessem: quais são as estruturas que garantem nosso projeto pedagógico; quais os dispositivos pedagógicos que nos definem; e quais valores praticamos enquanto equipe da Pedagogia.
Com essa primeira pesquisa feita com os professores, passamos para uma segunda para levantar as percepções dos nossos egressos.
Além de várias perguntas sobre metodologia e pontos que diferenciavam nosso curso, tínhamos especial interesse na pergunta: "Agora que conhece a realidade educacional, em que você considera que sua graduação em Pedagogia poderia ter sido melhor?". Aqui teríamos uma oportunidade de aprimorar nosso curso com base no que as professoras e professores de fato estão enfrentando na realidade das escolas.
Fomos então para a terceira rodada de pesquisa, agora com os atuais alunos do curso, e conseguimos que 50% dos estudantes respondessem ao questionário. Aqui também trouxemos a temática híbrida, para entendermos o que nossos alunos, que se matricularam em um curso presencial, pensavam sobre isso. Surpreendeu-nos que, em um grupo menor de estudantes, 39% não concordavam com a modalidade híbrida para a formação inicial. Esse grupo de estudantes trouxe essa temática nas assembleias e mostrou resistência de diversas formas quanto ao aumento da carga horária à distância para formação inicial de professores. Apesar da atual preferência por cursos que integram diferentes modalidades, enquanto professores não estávamos confortáveis com essa mudança. Precisávamos entender que combinação seria essa, o que faria ou não sentido passar para o formato síncrono ou assíncrono. Por isso, também solicitei aos professores que criassem uma aula no semestre síncrona e assíncrona, para entendermos na prática quais as vantagens e desvantagens de cada modalidade, o que precisaríamos contemplar ao pensarmos o novo curso. Alguns textos e palestras nos ajudaram nessa reflexão, inclusive muita coisa que foi pensada e produzida a partir da experiência da pandemia.
Convidamos a diretora do centro de pesquisa da faculdade para nos trazer as perspectivas teóricas mais atuais sobre formação de professores e, na sequência, levantamos a matriz curricular de outros oito cursos de Pedagogia que são referências no Brasil e no mundo em formação de professores, para entendermos como estruturam seus projetos e quais disciplinas já incorporaram em suas propostas, tais como sustentabilidade, liderança e tecnologia.
Em meio a toda essa análise e discussão que fazíamos durante e entre os encontros do Comitê, uma nova Diretriz Curricular Nacional (DCN) para as Licenciaturas foi aprovada. As DCN são as diretrizes curriculares nacionais que definem como os cursos superiores devem ser estruturados, com carga horária mínima, estágio obrigatório, entre outros assuntos de extrema importância para pensarmos uma nova proposta. Fizemos um encontro exclusivo para analisarmos a nova DCN, que passaria a ser obrigatória para todos os cursos depois de um ano e meio de sua aprovação, e decidimos implementar a nova matriz com os ajustes da nova lei já no ano seguinte, podendo servir de referência para os demais cursos do país.

Diante de todas essas contribuições, fizemos duas sistematizações: uma imagem síntese do nosso projeto pedagógico, desenhada por uma aluna, e uma planilha do Excel com uma primeira versão da nova matriz incluindo a carga horária e características de cada disciplina para que conseguíssemos não apenas analisar qualitativamente os conteúdos, mas também validar a soma das horas obrigatórias para cada diferente modalidade e exigência da DCN, como estágio, extensão, núcleos etc. Levamos esses dois materiais e uma rubrica de análise para um workshop com todos os professores, e aqui começou a parte mais difícil, como sabemos e foi muito bem colocado por Tomas Tadeu: "currículo é um campo de disputa". Todos concordam que precisamos ter uma base sólida de alfabetização, que inclusão e tecnologia são importantes, que precisamos avançar nos conhecimentos da matemática, mas quando isso significa reduzir carga horária de outra disciplina, agrupar conteúdos que eram ministrados por diferentes professores, mexer em questões que envolvem a quantidade de horas de trabalho de cada professor e na relevância de seus temas para a formação de professores, isso é bem delicado e desafiador, mesmo em um time integrado e alinhado como o nosso. Além de escreverem os comentários nas rubricas em pequenos grupos, também tivemos um momento coletivo em que cada um pôde trazer sua visão sobre a nova proposta. Como coordenadora com mais horas de contrato com a instituição, eu concentrava o trabalho de ajustar a matriz com base em todos os comentários que recebíamos, um trabalho bem minucioso de ir mexendo de um lado e depois ter que mexer em outro até conseguir uma nova proposta para levar ao Comitê, e ver se havíamos contemplado tudo que foi trazido e, se não foi, o porquê.

Com uma nova proposta, decidimos gravar alguns vídeos curtos em que os próprios professores explicavam as estruturas e estratégias que definiam nosso projeto pedagógico, juntamos alguns depoimentos recebidos dos alunos e, com isso, montei a apresentação de todo esse percurso e resultado para as diretoras da instituição e da mantenedora, tanto para termos a aprovação das mesmas diante da demanda que fizeram de adaptação do curso, quanto para termos as percepções delas sobre o que precisaria ser incorporado em um curso de excelência. Foi uma alegria contar para os integrantes do Comitê que a proposta tinha sido aprovada e que as sugestões eram muito alinhadas ao que estávamos fazendo.

Fizemos, então, os últimos ajustes na matriz com o NDE, e conforme a legislação do ensino superior prevê, aprovamos a nova matriz.

Sabendo desse trabalho, o Movimento Profissão Docente me convidou para duas importantes ações: uma delas era apresentar como estruturamos o novo currículo da Pedagogia a partir da nova DCN para três secretários de Educação e outras organizações educacionais, e a segunda era participar de uma live com a própria redatora da DCN, que elogiou a proposta e as ideias que trouxemos, especialmente para alguns aspectos novos que a legislação introduziu. Apesar de sermos um curso pequeno, essa foi nossa contribuição para inspirar outros cursos de Pedagogia do país que queiram inovar e garantir excelência na formação inicial de professores.

Um mês depois seria a visita de reconhecimento de curso do MEC, então, incluí na reunião de apresentação do curso todo percurso que havíamos feiro para criação da nova proposta. Pela primeira vez tiramos a nota máxima que os cursos podem receber, com o feito histórico de gabaritar todos os 57 itens da avaliação, que incluíam processos de inovação, de articulação com estudantes e projetos que levam o conhecimento gerado na instituição para a comunidade. Essa é uma conquista de muitas e muitas mãos, por um trabalho consistente de muitos anos, mas que carrega essa cereja do bolo que foi o trabalho desenvolvido pelo Comitê.

O desenho da nova matriz continuou no segundo semestre com o detalhamento do ementário, e, na virada do ano, a nova matriz passou a ser implementada de forma híbrida, dentro das possibilidades legais da época para cursos presenciais (40% à distância e 60% presencial). O Comitê de Inovação passou a trabalhar outros temas, mas seguiu dando voz a alunos e professores para cocriação do curso de Pedagogia.

Educação como um compromisso coletivo: das políticas públicas ao ativismo social

Neste capítulo, vamos compreender:

- O papel dos três setores econômicos na inovação educacional.
- O ecossistema de inovação educacional.
- Alguns projetos de inovação educacional para além da escola e da sala de aula.

Um provérbio africano diz que é preciso uma aldeia inteira para educar uma criança. Neste capítulo, veremos que, sim, que para educarmos todas as crianças é preciso que o país inteiro esteja mobilizado.

Envolver o país inteiro significa, entre outras coisas, envolver os três setores econômicos, sendo eles:

- primeiro setor, ou setor público: o governo, cujo objetivo principal é o bem público.

- segundo setor, ou setor privado com fins lucrativos: as empresas, que são as organizações que fornecem produtos e serviços com o objetivo de lucro.
- terceiro setor, setor privado sem fins lucrativos: são as instituições privadas com objetivos públicos, juridicamente configuradas como associações ou fundações, que podem ser chamadas também de organizações da sociedade civil (OSCs) – comumente denominados de organizações não governamentais (ONGs).

Como exceção a essa separação entre setores, temos as organizações cooperativas, com formatos jurídicos, legislação e aspectos contábeis específicos, tendo um dos ramos de atuação o educacional. As cooperativas são organizações com gestão participativa dos seus associados e distribuição das sobras e eventuais prejuízos (o que seria chamado de lucro no caso das empresas ou superávit no caso do terceiro setor) entre eles.

Apesar de conceitualmente ser bem clara essa separação, atualmente vemos a imbricada relação que há nessas esferas, além da intersetorialidade, quando diferentes setores trabalham juntos.

A figura a seguir nos ajuda a entender um pouco mais essa dinâmica:

Tipos de organizações e setores

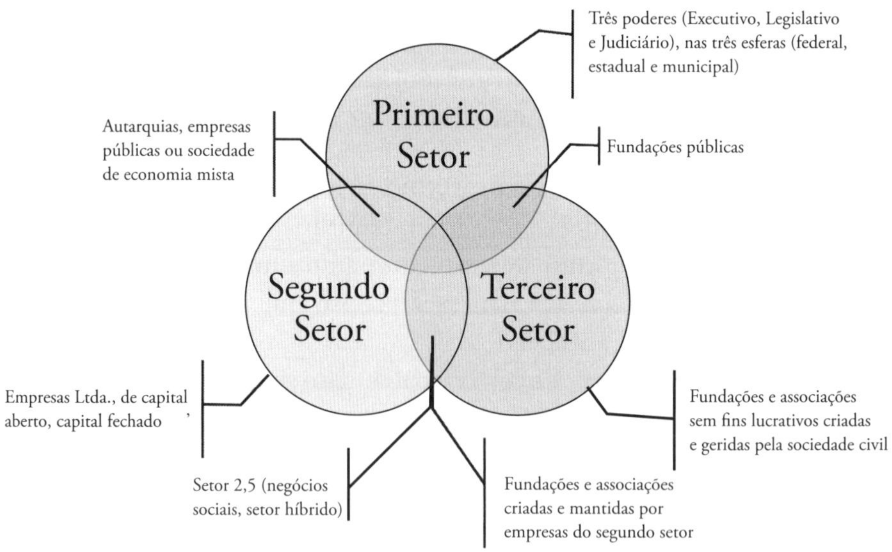

Fonte: Adaptado de Anastácio, 2018.

Como se pode ver pela figura, são diversas as possibilidades que a legislação prevê para organizações com ou sem fins lucrativos, com ou sem finalidade pública/social. O que ainda não tem formato jurídico específico, mas está em discussão em nível federal e estadual, sustentado por um movimento internacional ganhando força, é o setor 2,5, cujas organizações que o compõem vêm sendo chamadas de negócios sociais ou negócios híbridos. As organizações do setor 2,5 surgem com o propósito de gerar impacto social e/ou ambiental de forma financeiramente sustentável. São negócios com cadeia produtiva e/ou produtos e serviços que geram impacto positivo. Exemplos dessas empresas são algumas fazendas de produtos orgânicos; uma *startup* que cria soluções de mobilidade para pessoas cegas; empresas que fabricam produtos a partir de materiais recicláveis, proporcionando inclusão social e produtiva para mulheres de baixa renda; entre outros.

A diferença entre as organizações do setor 2,5 e as organizações do terceiro setor é que as associações e fundações não são necessariamente financiadas por suas próprias operações. Nas organizações criadas pela sociedade civil, os recursos podem vir de fontes diversificadas de captação: doações, editais, prestação de serviços, patrocínio, campanhas, convênios com setor público, lei de incentivos etc. As que são criadas e mantidas por instituições religiosas, possuem como uma das fontes o repasse da própria mantenedora. Já no caso das associações e fundações criadas e mantidas por empresas, o capital vem do segundo setor, em muitos casos pela lei de incentivo fiscal.

Para trazer um exemplo que ilustra essa diferença, pensemos em uma empresa que vende materiais pedagógicos para as escolas. Ela é uma empresa, sua atividade principal é fazer materiais pedagógicos, com a finalidade de lucro. Já uma OSC poderia ter como finalidade a causa ambiental, realizando projetos sociais de sustentabilidade em escolas públicas e financiando sua atividade principal com doações. Enquanto nas organizações do setor 2,5 a atividade fim é a mesma atividade que gera receita, podendo se configurar tanto como empresa lucrativa, caso os donos ou acionistas retirem os lucros para eles, ou ser uma associação sem fins lucrativos, caso o superávit da atividade principal se reverta para o próprio negócio. Em nosso exemplo, poderíamos ter uma empresa de materiais pedagógicos sustentáveis, que vendem seus produtos para ter receita financeira, mas este produto gera impacto positivo no meio ambiente e na sociedade, trazendo alternativas aos produtos de plástico e trabalhando em relações honestas com as comunidades locais e trabalhando com materiais com certificados de origem.

Ou seja, as organizações do setor 2,5 também se diferenciam das empresas do segundo setor por terem em sua cadeia produtiva ou em seus produtos e serviços a finalidade socioambiental, que é diferente de responsabilidade social empresarial. As empresas que visam lucro, em suas mais diversas atividades econômicas, passaram a ampliar suas ações de responsabilidade ambiental e social, financiando projetos sociais e ambientais de organizações do terceiro setor, desenvolvendo programas de voluntariado para seus funcionários, apoio a diversas causas, melhores práticas ambientais e de governança, até chegarmos agora em robustos programas de gestão de responsabilidade social e ambiental, também denominada gestão sustentável (ESG – governança, social e ambiental), que por sua vez tem levado algumas empresas à criação de associações e fundações. Com recursos e mecanismos de gestão do segundo setor, essas organizações são capazes de trazer contribuições muito expressivas por meio do financiamento de pesquisas, grandes projetos, disseminação de dados para qualificar o debate público e articulação da sociedade civil em esferas de tomada de decisão pública, trabalhando em prol da garantia de diversos direitos em ações de *advocacy* (influência em políticas públicas). Os projetos de inovação, em especial os que requerem agilidade, flexibilidade, investimento e risco, passam a ter uma relação importante com essas instituições, viabilizando que, em estágios de maior maturidade, essas soluções possam chegar na área educacional, social, ambiental, da saúde, entre outros.

Como vemos, há diferentes espaços para atuação na área educacional, contribuindo em diferentes perspectivas para esse debate e construção de país. Por exemplo, trabalhando com uma boa solução tecnológica em uma *startup*, ou em uma editora com materiais pedagógicos interessantes, em um projeto comunitário da igreja, em uma fundação na parte de *advocacy*, na academia desenvolvendo pesquisas, ou atuando diretamente no governo, quanto mais educadores tivermos nessas áreas, melhor.

Existem questões que são técnicas, e dizem respeito aos especialistas, e existem questões que são políticas, e dizem respeito a todos nós. A educação tem sua complexidade por ser as duas coisas. Como uma área específica do conhecimento, além de fundamentos filosóficos, psicológicos e históricos que nos introduzem no pensamento educacional de nossa época, as didáticas, metodologias e reflexões críticas sobre o currículo nos constituem como educadores, que, atrelada à experiência dos estágios, trabalhos e formação em serviço, cria nossa identidade profissional. Esse conjunto de saberes teóricos e práticos também nos posiciona no mundo, passamos a ter voz a partir desse lugar de fala. Por outro lado, nossa Constituição Federal garante, pelo artigo 205, que a educação é um direito de todos e obrigação do Estado e da família, com colaboração da sociedade. Ou seja, traz para a esfera federal, estadual e municipal, e para os poderes Executivo, Legislativo e Judiciário a obrigação de oferecer, regular e garantir educação para todos. Traz as famílias como corresponsáveis pela educação – e aqui poderíamos pensar na comunidade como um todo. E já prevê a colaboração da sociedade em seu sentido amplo, por meio de um conjunto de instituições que formam uma rede de proteção e desenvolvimento das crianças, jovens e adultos, tais como clubes, igrejas, associações, universidades, mas que indiretamente também inclui as empresas que oferecem produtos e serviços necessários ao funcionamento de todas essas instituições.

A educação é da esfera pública não apenas em seu sentido prático, ela é pública também em seu sentido existencial, pois vivemos em sociedade e a vida coletiva pressupõe uma linguagem comum, o compartilhamento de valores, de compreensão de mundo, de uma identidade comum. O coletivo se faz pela educação, a coisa pública se faz pela educação, é por isso que ela é de ordem também política, não partidária, mas no sentido de visar ao coletivo. Seus objetivos são um campo em disputa, pois não se trata de discutir a formação de um indivíduo, mas para onde caminhamos enquanto sociedade, enquanto país e humanidade. As discussões sobre educação são de interesse e obrigação de todos, não apenas dos educadores.

O desafio que vemos hoje é que essa participação da sociedade, das famílias e do Estado na educação entra muitas vezes na dimensão técnica dos profissionais da área, ao criar propostas e definir práticas que destituem o professor e o gestor escolar de seus lugares de tomada de decisão a partir do conhecimento teórico, prático e contextual de seus alunos. Entendemos a colaboração, o respeito e a escuta como sendo fundamentais para criarmos novos patamares de envolvimento na área educacional, de modo que cada agente possa contribuir da melhor forma para essa visão conjunta de sociedade ao mesmo tempo que as discussões técnicas do fazer educacional estejam em diálogo com os profissionais da área.

O ECOSSISTEMA DE INOVAÇÃO EDUCACIONAL

Nossa compreensão de inovação educacional, apresentada por meio da sala de aula e da escola nos capítulos anteriores, agora chega em uma nova dimensão. Aqui entram todos os demais agentes e as esferas que estão para além da instituição escolar, compondo o ecossistema educacional. Trata-se de inovação nas definições de currículos, na elaboração de materiais pedagógicos, na formação de professores, na gestão das secretarias de educação, na compreensão de escola e educação por parte das famílias. São mudanças sociais, tecnológicas e legais que podem incidir na escola e na sala de aula, mas que são decididas, elaboradas e implementadas por outros órgãos e pessoas. Esse tipo de inovação se aproxima mais do conceito que vimos de "reforma", mas que entendemos assumir aspectos muitos específicos caso a caso e que, portanto, chamaríamos também de inovação educacional, compreendendo as várias instâncias possíveis de se fazer inovação dentro da esfera de atuação de cada agente do sistema.

De forma resumida, trago aqui algumas das possibilidades de inovação educacional, ou estímulo, para que ela aconteça, entre as várias instituições que compõe esse ecossistema:

- **Órgãos internacionais** – desenvolvem notas técnicas, guias de orientação, estimulam debates e dão aporte financeiro para o desenvolvimento de alguns projetos públicos e cátedras ligados às universidades para produção de conhecimento em determinado tema. Poderíamos ter como exemplo o empenho que a Unesco teve ao longo de 2023 e 2024 para pautar as discussões sobre inteligência artificial generativa na educação, produzindo diversos materiais e, em 2025, financiando a cátedra de IA na Educação Desplugada, na Universidade Federal do Alagoas e na Universidade de São Paulo. Já o Pisa, desenvolvido pela OCDE, passou a integrar competências complexas em suas provas, como criatividade e colaboração, dando destaque a novas competências, o que influencia o currículo de muitos países.
- **Governo** (Ministério da Educação, Ministério da Cultura, Ministério da Tecnologia, Redes Estaduais e Municipais de Educação, Poder Legislativo e Judiciário) – são as inovações em políticas públicas que podem incidir diretamente na prática educacional, como a criação de escolas experimentais, como os Ginásios Educacionais Tecnológicos (GETs) do Rio de Janeiro e tantas outras iniciativas que trouxeram educação integral, propostas inovadoras ou escolas integradas na natureza (conforme apresentamos no capítulo "Uma breve história da inovação educacional"), em que gestores públicos tomam a iniciativa de criar novas instituições que rompem com as tradicionais estruturas da escola. Mais comum nessa instância é a viabilização de projetos especiais dentro da rede, como é o caso da Secretaria de Educação de São Paulo, que tem duas escolas municipais que se auto-organizaram de forma completamente disruptiva: Emef Amorim Lima e Emef Campos Sales. No âmbito das políticas

públicas, também é possível inovar trazendo novas temáticas para os currículos e avaliações, como as competências gerais, que incluem competências socioemocionais como obrigatórias na educação básica, e a introdução da computação, por meio da cultura *maker*, na BNCC. Temos também ações vinculadas ao estímulo de inovação, como o Mapa do MEC, que em 2016 reconheceu mais de cem escolas inovadoras no país. Além de ação direta ou estímulo à inovação nas salas de aula e nas escolas, as Secretarias e Ministérios podem inovar na forma de fazer gestão. Introduzir novas práticas de gestão da informação, novas formas de contratação, de compra, de monitoramento do sistema, de formação continuada, ou seja, inovar na gestão pública educacional, instância diferente da inovação pedagógica. Como exemplo, poderia citar a criação de um aplicativo para controle da merenda escolar. Depois de alguns escândalos de fraude, foi feita uma competição entre *startups* para criação do melhor aplicativo para controle de merenda escolar. Com ele, o produto que é comprado de um fornecedor cadastrado, dando preferência a produtores locais e agricultura familiar, é registrado e fotografado na hora em que está saindo para a entrega, e a escola que recebe registra e fotografa no mesmo aplicativo o que recebeu. Uma vez feita a merenda, há um registro do que foi servido aos alunos, que também podem avaliar a comida que receberam. Essas informações são cruzadas para validação nutricional e de compra, evitando desvios de verba e garantindo uma comida de qualidade nas escolas públicas. No Rio Grande do Sul, por exemplo, a Secretaria Estadual de Educação iniciou uma ação junto às universidades para garantir que tenham mais alunos interessados nas licenciaturas. As universidades que têm um currículo inovador na perspectiva desse projeto podem se cadastrar no programa, e a própria Secretaria paga uma bolsa para os futuros professores estudarem naquela instituição. No Piauí, foi introduzida no currículo das escolas de ensino médio a disciplina de Inteligência Artificial, a partir da parceria com a cátedra da Unesco em Tecnologias de Comunicação e Informação na Educação da UFRGS, se tornando um dos primeiros lugares no mundo a realizar essa inovação curricular. São novos arranjos, novas parcerias, novas tecnologias que permitem a gestão pública se tornar mais eficiente e ágil. Para isso, é preciso ter vontade política, criação ou adaptação de normas e parcerias com os demais setores da sociedade.

- **Universidades e centros de pesquisa** – quando pensamos nas práticas do ensino superior de forma geral, já vemos um movimento das melhores faculdades se redesenhando pedagogicamente, como a FGV, que tem um *hub* de inovação pedagógica que integra as 15 unidades da Fundação no Rio de Janeiro, em São Paulo e Brasília, ou as faculdades de Medicina que trabalham a partir de casos e resoluções de problema envolvendo diversos recursos tecnológicos na sala de aula, como realidade aumentada. A PUC-PR, por exemplo, além de laboratórios tecnológicos para aulas interativas e práticas, tem um dos maiores programas de extensão, atuando diretamente com a comunidade em seu entorno por meio de projetos comunitários, empresas juniores, aceleradoras, formações e editais. Mas, com algumas exceções, as universidades no Brasil são tradicionais em sua forma de ensino e organização. Os cursos EaD, crescentes no país, que poderiam fazer uso de recursos tecnológicos interativos, em sua grande maioria são bastante conservadores do ponto de vista pedagógico. Focando especificamente nas universidades como parte do ecossistema de inovação educacional, que tem um papel fundamental para formação de professores, temos alguns poucos, mas bons exemplos, como a Universidade Federal do Sul da Bahia, que criou as licenciaturas interdisciplinares; a UFPR Litoral, que trabalha em vínculo profundo com a comunidade e cultura local; o Singularidades e o Instituto Vera Cruz, que formam professores com metodologias ativas na perspectiva crítica; e a faculdade Rudolf Steiner, que desenvolve uma formação integral de professores. Quanto à pesquisa, infelizmente são pouquíssimas na área de inovação educacional, sendo um desafio encontrar orientadores para projetos de mestrado e doutorado nessa temática. Programas fora das licenciaturas estão avançando nessas frentes, como a educomunicação, as ciências da aprendizagem e as áreas de tecnologia, como o Núcleo de Excelência em Tecnologias Sociais (NEES) que colaborou com o Programa Gestão Presente do MEC, por meio do desenvolvimento da plataforma de dados que colabora com a gestão pública, e criou o IA.edu para projetos de inteligência artificial na educação; e a engenharia, como a Poli-USP, que desde 2003 realiza a Febrace, feira de ciências que estimula jovens do ensino médio a desenvolverem projetos inovadores. As cátedras vinculadas aos Institutos de Estudos Avançados também têm trazido contribuições. Mas há oportunidade para mais pesquisas nessa área, para posicionar as universidades em diálogo com os demais atores, que buscam a ciência para embasar as tomadas de decisão e refletir sobre os caminhos da educação.

- **Associações e redes de escolas** – muitas escolas inovadoras ou alternativas se organizam em associações e redes para trocar experiências e fortalecer seu projeto pedagógico. As associações e redes costumam organizar encontros, produzir materiais e jornais que divulgam as informações das escolas, ampliando a reflexão sobre suas práticas. Esse é o caso das associações das escolas Waldorf, Montessori, Freinet, das escolas democráticas, das escolas cooperativistas, dentre outras.
- **Institutos e fundações** – os processos de inovação muitas vezes envolvem investimentos e risco, especialmente quando falamos em políticas públicas em que um estudo-piloto já envolve centenas de pessoas. Inovação também está ligada a processos mais ágeis e flexíveis para desenvolver pesquisa, articular grupos, criar propostas. Essas são algumas das razões que trazem institutos e fundações tão próximos dos temas da inovação educacional. Eles financiam projetos independentes, desenvolvem pesquisas e eventos para disseminar ideias alinhadas com suas agendas, articulam o setor reunindo escolas, *startups*, professores e órgãos públicos, bem como a mídia e a sociedade civil. Como exemplo, temos desde o Instituto Alana, que atua em prol da proteção da infância com pautas de sustentabilidade e controle no uso de tecnologia, ao Instituto Unibanco, focado na gestão educacional, que está bastante envolvido com os temas de inteligência artificial. Os institutos e as fundações, no século XX, costumavam trabalhar com causas próprias e em projetos de ação direta, como escolas ou apoio a OSCs. No século XXI estão mais articulados em torno de coalizões em temas ligados às políticas públicas. A Fundação Lemann, por exemplo, teve um papel direto de articulação da BNCC, tanto por sua atuação com *advocacy* quanto pela contratação de especialistas e equipe para realizar reuniões, facilitar os processos de cocriação com os estados, a produção de conteúdos de referência por meio do Movimento pela Base, que é formado também pelo Instituto Natura, Unibanco, Itaú, Fundação Telefônica Vivo e Maria Cecília Souto Vidigal. O Centro de Inovação para a Educação Brasileira (Cieb), que trabalha para levar tecnologia educacional para área pública, é mantido pelo Instituto Natura, Unibanco, Sonho Grande, Itaú Social, Fundação Lemann, Vivo Telefônica e a B3, e atua em parceria com a Unesco e o Conselho Nacional de Secretários de Educação (Consed). Já o Profissão Docente é uma coalizão da Fundação Lemann, Vivo Telefônica, Todos pela Educação, Fundação Lucia e Pelerson Penido

(Flupp), Instituto Unibanco, Natura e Península, para fortalecimento da carreira docente no país, trazendo algumas propostas de inovação na gestão pública das redes. O Centro de Referências em Educação Integral, que desenvolve projetos e conteúdos para escolas e redes públicas, tem como coletivo articulador a Ashoka, a Fundação Santillana, a Faculdade Latino-americana de Ciências Sociais (Flacso), a Gol de Letra, Unicef, Fundação Vale, British Council, Roda Educativa, Avante, Cidade Escola Aprendiz, Movimento de Ação e Inovação Social, Instituto Rodrigo Mendes, Alana, Centro de Estudos e Pesquisas em Educação, Cultura e Ação Comunitária (Cenpec), Cenários Pedagógicos, Centro Integrado de Estudos e Programas de Desenvolvimento Sustentável (Cieds), Fundação SM, Itaú Social e Oi Futuro. Além de ações diretas, os institutos e as fundações são os principais financiadores de pequenos projetos de ativistas, estão diretamente envolvidos com a mídia e estimulam as edutechs, sendo hoje atores de peso no ecossistema de inovação educacional no país.

- **Empresas e *startups*** – são as desenvolvedoras de produtos e serviços para escolas e governos, criando propostas especialmente vinculadas ao uso de tecnologias, mas também materiais pedagógicos e mobiliário. Aqui temos desde empresas com capital aberto em bolsa de valores a *startups* como o Hand Talk App, que auxilia na comunicação entre pessoas surdas e ouvintes. As *big techs* como Apple, Google, Meta, Microsoft e IBM são responsáveis por quase toda tecnologia que entra nas escolas públicas e particulares. Pela velocidade de lançamento de novos produtos, as próprias empresas desenvolvem cursos para treinamento de profissionais que dominem essas tecnologias. Há certificados para professores e diversos cursos gratuitos para introdução de tecnologia nas escolas.
- **Mídia** – jornalistas, imprensa, grande mídia ou mídia independente são pilares importantes para o ecossistema de inovação, divulgando as iniciativas das mais variadas, trazendo visibilidade e estímulo a diversos projetos. Aqui temos alguns exemplos, como o Porvir, criado pelo Instituto Inspirare, e o canal Futura, da Fundação Roberto Marinho, que fez, por exemplo, a série *Destino: educação* sobre escolas inovadoras, apresentando a estudantes de Pedagogia, famílias e sociedade em geral outras formas de se fazer educação.
- **Famílias** – a participação e o envolvimento das famílias criam uma importante conexão do projeto pedagógico com seu contexto. Algumas

iniciativas que geram muito impacto na aprendizagem estão ligadas às propostas de Comunidade de Aprendizagem, que integram de diferentes formas a escola e as famílias. Essa ação pode ser estimulada por esses dois atores e pode acontecer nas escolas públicas e particulares. Outro modo de as famílias estarem envolvidas no ecossistema de inovação é por meio das escolhas que fazem. Infelizmente, muitas não podem escolher em que escola colocar seu filho, mas as que podem passam a refletir sobre que educação faz mais sentido para aquela criança e o que é mais alinhado com a visão de mundo da família. De escolas humanistas a escolas tecnológicas, com metodologias das mais diversas, escolher conscientemente faz com que esses projetos também se fortaleçam. A visão mais ampla de educação das famílias auxilia que professores e gestores possam avançar em suas práticas pedagógicas não tradicionais.

- **Ativistas** – são artistas, jornalistas, educadores, cineastas, empreendedores sociais e entusiastas que criam projetos para estimular o ecossistema de inovação educacional. Como as ações são pulverizadas, é difícil sistematizar ou mensurar seus impactos. Poderíamos citar desde o poeta André Gravatá, que faz ações poéticas e provocativas em escolas, centros culturais e eventos de educação, à Ciranda de Filmes, uma mostra de filmes sobre infância, juventude e educação. As ações dos ativistas costumam ser locais ou regionais. Mas temos o livro *Edushifts*, por exemplo, que reuniu 18 autores-ativistas ao redor do mundo, incluindo, no Brasil, Helena Singer e Tião Rocha, José Pacheco, de Portugal, Manish Jain, da Índia, Yaacov Hecht, de Israel, e mais 30 voluntários para traduzir os textos para o lançamento em português e inglês. O livro foi impresso na Ucrânia com financiamento coletivo e distribuído, por meio de um jogo, para diversos países, e pode ser baixado gratuitamente na internet, assim como diversos outros livros, filmes e materiais que tratam sobre inovação educacional.

Para Nohria, acadêmico indiano e ex-reitor da Faculdade de Administração de Harvard, o antigo modelo das grandes organizações hierárquicas está sendo substituído pelo modelo de organização em rede, com interligações laterais e horizontais. Passa-se a falar em relações colaborativas, arranjos novos, mais distribuídos e flexíveis. As redes são tanto processos como estruturas, são formadas e reformadas continuamente pelas ações dos atores, que seriam limitados por suas próprias posições. O autor salienta que o conceito de rede inclui, além das organizações, os indivíduos. A lógica da rede traz uma ruptura com o tempo e o espaço até então estabelecidos e constitui uma nova forma de distribuição do conhecimento, alterando, por isso, as relações de poder.

Trata-se de um setor bastante articulado, ainda que com diferentes graus de participação e envolvimento por parte das instituições. No estudo que fiz em 2016 sobre o ecossistema de inovação educacional no Brasil, eram mais de 203 entidades entre escolas, fundações, órgãos públicos, empresas e coletivos que promoviam conjuntamente eventos, congressos, livros, documentários e projetos focados em "uma nova educação". Esse número já deve ser muito maior dado o avanço tecnológico que tivemos e, com isso, uma série de *startups* ingressaram no setor propondo novas práticas pedagógicas.

Há muita conexão, mas há também falta de diálogo entre diversas partes desta rede, ou mesmo da definição de uma agenda comum que parta das próprias escolas e educadores. A inovação educacional está sendo feita no miúdo e no macro, nas salas de aula e nos sistemas de ensino, por empresas e por ativistas, entre disputas e diálogo.

Minhas histórias de escola

Para este capítulo, minha história não é de escola, mas de uma rede de educadores ativistas. Me mudei para Curitiba quando defendi meu doutorado sobre inovação educacional. Comecei a conhecer pessoas e projetos na cidade, que me apresentavam outras pessoas e projetos, até que um dia uma colega me chamou para uma reunião com a coordenadora de uma iniciativa chamada Vale do Pinhão, que fomentava a inovação na cidade. Nessa reunião, fui convidada para dar uma palestra sobre inovação educacional em um evento que fariam na Agência Curitiba, da prefeitura da cidade, articuladora do Vale do Pinhão, localizada na antiga fábrica revitalizada no centro. O evento foi em setembro de 2018 e trazia inovação em diversas áreas, com foco especial nas Cidades Inteligentes, que passavam a adotar novas tecnologia na gestão de cidades. Em minha palestra, sugeri que pensássemos em formas de articular e potencializar o ecossistema de inovação educacional e terminei dizendo que "para uma cidade ser inteligente, ela primeiro precisa ser educadora". Quando acabou o evento, uma professora veio até mim e disse "eu quero que Curitiba seja uma cidade educadora, por onde começamos?". Fiquei surpresa e animada, e disse que o primeiro passo seria reunirmos mais pessoas interessadas e então pensarmos juntos em um projeto para a cidade. Falamos da proposta com a equipe do Vale do Pinhão. que disparou o convite para esse primeiro encontro por seus canais.

Criamos grupos em redes sociais que foram bastante participativos. Muitos eram formados por professores de escolas públicas e particulares, mas também tínhamos coordenadores e diretores de escola, professores universitários, gestores de projetos sociais, consultores educacionais, jornalistas, representantes do Sesc, da RPC (principal canal de comunicação do estado), da Secretaria Municipal de Educação e algumas famílias. As redes sociais foram espaços de articulação do grupo e de compartilhamento de informações, especialmente dos projetos desenvolvidos por pessoas da própria rede. Em nosso primeiro encontro, tivemos a presença de 33 pessoas, que definiram 7 frentes de atuação. Duas semanas depois, fizemos um encontro on-line e, na sequência, mais um presencial, em uma escola infantil de uma das educadoras do grupo, que contou com 27 pessoas. Definimos quem iria colaborar com cada frente de trabalho, que avançariam separadamente nas semanas seguintes até o encontro da rede inteira em dezembro. Nesse terceiro encontro presencial, em uma universidade comunitária, entendemos que precisaríamos fazer um redesenho dos grupos para que não tivesse sobreposição de trabalhos e que houvesse mais gente em cada iniciativa. Apresento a estrutura final das frentes de trabalho, as atividades e os resultados de cada uma:

- **Governança** – definição das formas de participação na rede (podendo ser: interessado, colaborador ou organizador), cadastro e conexão dos membros. Definida a autonomia das três frentes de trabalho (redes, território e boas práticas), organização baseada na sociocracia, todos voluntários trabalhando de acordo com suas possibilidades. Drive compartilhado com informações e registros, para que todos pudessem ir acompanhando e participando de maneira orgânica. Definição do nome da rede: Rede Curitibana para Transformação Educacional – Rede Curte, criação da identidade visual, da comunidade no Facebook e dos grupos de Whatsapp para informações oficiais, compartilhamentos e grupos específicos para cada frente de trabalho. Definição do objetivo da rede: criação de uma rede-comunidade auto-organizada em prol da educação em Curitiba.
- **Redes e Parcerias** – núcleo regional de redes nacionais, dentre elas: Movimento Escolha Transformar, liderado pelo Porvir; Núcleo Curitiba da Rede Brasileira de Aprendizagem Criativa; articulação com o Movimento de Inovação Educacional, da Ashoka e Aprendiz, que buscava ser a rede das redes; articulação com a Conferência Nacional de Alternativas Educacionais (Conane) Regional, organizada pela rede de escolas democráticas; núcleo Curitiba da Bancada Educação, em que fizemos ações para aproximar o Legislativo dos educadores, movimento articulado por Miguel Thompson em São Paulo; e fortalecimento da nossa própria rede por meio de eventos e atividades.
- **Território Educativo** – essa frente iniciou com o estudo das possibilidades ligadas ao conceito de território educativo, cidade educadora (com sede em Barcelona, reúne mais de 500 cidades pelo mundo), cidade amigável para as crianças e cidade de aprendizagem (reconhecimento da

Unesco a 64 cidades em 35 países). Entendemos que Curitiba já tinha as características necessárias para ser incorporada a essas redes, com diversos equipamentos públicos e algumas iniciativas educacionais que poderiam avançar nessa frente. A mais fácil seria a rede de cidades educadoras, por ser um processo de autodeclaração por parte do prefeito, e não um reconhecimento externo, como as cidades de aprendizagem. Passados alguns meses, saiu o decreto autorizando a cidade a integrar a Associação Internacional de Cidades Educadoras. Seguimos nessa frente com o mapeamento das áreas culturais e áreas verdes para integração desses vários espaços ao projeto educativo da cidade.

- **Divulgação de boas práticas** – Essa frente foi muito atuante, com o apoio da RPC, conseguimos espaço no blog do maior jornal da cidade, em que nos rodiziávamos na escrita periódica sobre práticas educacionais inovadoras. Organizamos a visita nas escolas e instituições dos educadores da rede; organizamos o lançamento de um filme sobre escolas transformadoras no cinema da cidade, com debate com convidados das escolas retratadas no documentário; participamos de eventos e divulgamos para a rede eventos e acontecimentos importantes ligados à inovação educacional. Mesmo com o fim dos encontros oficiais da Curte, essas trocas seguiram de forma mais orgânica, estimulando que as iniciativas e os educadores da cidade estivessem integrados.

A dimensão do eu nos processos de inovação educacional

Neste capítulo, buscaremos compreender:

- O eu como ponto de partida para mudanças sistêmicas.
- A diferença entre ação e prática social.
- Saberes para promover a inovação.

Depois de entendermos as possibilidades de inovar na educação como professor na sala de aula; como gestor, colaborador, estudante, professor ou comunidade na escola; como ativista, gestor público, trabalhando no terceiro setor ou em uma empresa para colaborar com o ecossistema de inovação, chegamos no momento de refletir sobre esse sujeito que inova, uma vez que não são papéis e funções que propõem as mudanças, mas, sim, as pessoas que ocupam esses espaços e dão vida de forma singular a essas atribuições.

Pensar sobre a pessoa que inova parece ser a instância mais simples e particular de análise da inovação educacional, porém, é a que menos possui fundamentos teóricos e para a qual mais possibilidades existem, uma vez que entramos também no campo da subjetividade e da experiência.

Constituídos pelo sistema de ensino tradicional, somos o resultado dele quanto aos nossos pensamentos e formas de agir no mundo. Somos escolarizados, o que revela nossa potência para compreender o mundo pela ciência, nossa familiaridade com o mundo das letras e dos números, nossa disciplina para refletir e raciocinar, mas revela também nossos limites, nossa perda de criatividade e ousadia, nossa postura passiva diante de tantas questões.

Sermos agentes de mudança desse próprio sistema que nos constituiu é dar um salto para fora do aquário em que estamos imersos e no qual sabemos operar. Suspender padrões de ação, ver diante de outros paradigmas, agir sem todas as certezas não é fácil, mas pode ser o percurso para encontrar mais sentido e coerência nas próprias ações, criar situações mais favoráveis para problemas que nos atravessam e criar futuros que pareçam melhores que o presente.

Neste capítulo, convido você a compreender melhor como a ação individual vira prática social e como algumas referências podem nos ajudar a aprofundar essa discussão sobre a dimensão individual das mudanças sociais.

Para isso, trago algumas perguntas reflexivas que podem ser feitas agora como aquecimento para o capítulo ou em momento que achar mais oportuno para um mergulho interior em busca de respostas sobre como pode ser a sua participação no movimento de inovação educacional.

- Sou uma pessoa que gosta de mudanças?
- Sou uma pessoa que propõe ideias ou prefiro agir apenas quando um grupo maior de pessoas já as está adotando? Ou, ainda, pertenço a um terceiro grupo que é resistente a novidades, pois acredita que elas costumam ser feitas sem muita reflexão e criticidade?
- Quando vejo algo que me desagrada em meu contexto, ajo para que seja diferente ou acredito que são só as autoridades que têm o poder de mudar as situações e não adianta eu fazer nada?
- Para que eu possa agir, eu preciso entender muito bem as situações ou ajo mais a partir dos meus sentimentos?
- O que me move?
- O que me trava?
- Quais são meus valores?
- Quais habilidades eu tenho?
- Qual foi uma das situações mais difíceis por que passei? O que aprendi com ela?

- Qual foi uma das situações mais legais que já vivi? O que aprendi com ela?
- Em que momentos da minha vida passei por uma grande transformação? O que deixei ir e o que me tornei a partir dela?
- Em que momento da minha vida eu me encontro?
- De onde vem minha força?
- Se um amigo estivesse me apresentando para outro amigo, o que diria sobre mim?
- Quais são meus sonhos? Como eles se conectam com os desafios que enfrentamos atualmente no mundo?
- O que ainda quero fazer?
- O que a vida precisa para ser incrível?

Essas questões nos mostram que as pessoas têm diferentes motivações, personalidades e histórias, mas no que tange aos processos sociais, sendo a mudança e a inovação parte deles, sermos protagonistas ou críticos, adeptos ou alheios às novidades, nossas ações individuais criam a realidade social. Para compreendermos melhor como se dá essa relação dos indivíduos com a sociedade, nos aprofundaremos no conceito de ação e prática social.

AÇÃO E PRÁTICA SOCIAL

A Sociologia utiliza conceitos fundamentais, como ação e prática social, amplamente explorados por autores como Weber e Gimeno Sacristán. Para esses autores, a ação corresponde ao processo e ao resultado do fazer humano, sendo inerentemente pessoal. Ela expressa e constrói simultaneamente a identidade do indivíduo, mas sua natureza é social, pois ocorre em interação com outros sujeitos. A ação representa a expressão individual da cultura compartilhada, influenciada por condições externas (físicas, sociais, econômicas) e por mecanismos internos de escolha, decisão, crenças e motivações. Compreender o sentido de cada ação é complexo, pois pode ser motivada por diversas razões, como as racionais, afetivas ou tradicionais, conforme escreve Weber. A consciência sobre as próprias ações pode variar, e desejos, interesses e intenções por vezes se mostram incoerentes ou conflitantes, complementa Gimeno Sacristán.

As ações geram efeitos tanto em quem as realiza quanto no contexto em que acontecem. Embora as ações sejam manifestações criativas, singulares e imprevisíveis, seus efeitos se perpetuam nos sujeitos na forma de esquemas, estruturas relativamente cristalizadas de pensamento e ação. Essa acumulação de experiências facilita e otimiza as ações futuras, configurando estilos de agir e contribuindo para forjar nossa identidade individual. Os esquemas, por sua vez, podem ser transmitidos por meio da comunicação humana, gerando uma cultura compartilhada. Essa dimensão compartilhada das ações individuais dá origem à realidade social, conferindo estabilidade à ação de cada indivíduo e possibilitando a proposição e manutenção de projetos coletivos, desde um casamento até a criação de uma instituição de ensino.

A prática, por sua vez, pode ser entendida como a cristalização ou consolidação coletiva de um modo de fazer ao longo do tempo. Ela representa o estabelecimento de padrões e formas rotineiras de desenvolver uma atividade. A prática organiza a ação dos membros de uma cultura, orientando-os e tornando suas ações mais previsíveis, pois está ligada à tradição. Ela surge como um legado imposto aos sujeitos, carregando o "saber fazer", o "saber como", bem como os motivos e valores coletivos, expressos em ritos, costumes, espaços e formas de organização. Em suma, a ação é individual e dinâmica, enquanto a prática é uma ação que se estabeleceu coletivamente até se tornar um modo de agir de um grupo.

A transição de uma ação individual para uma prática coletiva ocorre principalmente por dois meios: a comunicação de informações e a institucionalização. A linguagem codifica a ação, tornando-a acessível no tempo e no espaço, transcendendo o momento de sua realização. As informações que tornam a cultura transmissível são compartilhadas de maneiras diversas, permitindo infinitas combinações que conferem singularidade aos indivíduos. As normas que regulam a ação social emergem da interação entre indivíduos que buscam caminhos de reconhecimento mútuo. Esse processo não apenas oferece padrões de solução, liberando o indivíduo, mas também preserva a ordem social, integra os sujeitos na memória coletiva, controla as ações, facilita a interpretação das atitudes alheias e otimiza as relações sociais. Assim, as ações sociais são simultaneamente manifestações subjetivas e sociais, expressando o ser humano em sua dimensão social.

A realidade social é composta pela ação individual de manutenção ou mudança. A manutenção ocorre ao se valer de formas já consagradas pelo grupo social, utilizando o saber e as estruturas de pensamento estabelecidas, o que agiliza os processos diante de dada realidade. A mudança, por outro lado, é uma ação que se opõe a essas estruturas e práticas, exigindo novas decisões dos sujeitos e a redefinição de acordos preestabelecidos, sejam formais, informais, tácitos ou expressos. Consideremos o exemplo do uniforme escolar: a regra predefinida dispensa a decisão diária sobre a vestimenta, liberando tempo e preocupação para outras atividades. Contudo, essa predefinição pode cercear a expressão individual. Se um aluno decide customizar sua blusa, essa ação singular não altera imediatamente a prática escolar, pois existe um acordo coletivo sobre o uso do uniforme. No entanto, diariamente, os alunos podem manter ou romper com essa regra através de suas ações, reforçando ou questionando as práticas existentes. A ação do aluno pode ser repreendida para a continuidade da regra, pode ser aceita e imitada por outros, ou até mesmo gerar uma discussão que leve a um novo pacto sobre o uso do uniforme. Portanto, ações e práticas sociais estão em constante diálogo, e a aparente neutralidade do sujeito diante do coletivo é infundada. É uma decisão individual, tomada a cada instante: da escolha do vestuário ao modo de cumprimentar, das opções de consumo aos tipos de relacionamento que se estabelecem; se manter ou transformar as práticas. Embora a complexidade da vida seja facilitada e pré-estruturada para certas formas de agir, a escolha final do que será feito pertence sempre ao indivíduo.

De forma geral, as inovações que se disseminam na sociedade frequentemente têm sua origem em uma ação individual. Os fatores que impulsionam a diferenciação da ação de um sujeito incluem seus sentimentos e pensamentos, as normas e leis às quais está submetido, os desafios do cotidiano e o *feedback* resultante de suas próprias ações. Um indivíduo que se reconhece como propenso a ações inovadoras ou contrárias às práticas coletivas tende a tomar decisões nesse sentido com maior facilidade do que aquele que se identifica com as práticas do grupo. Contudo, mesmo o sujeito mais tradicional pode ser sensibilizado por uma dificuldade diária, sentindo que o desejo de mudança supera o de pertencimento ao grupo. Assim, as ações se constituem de formas distintas em cada sujeito e situação.

Geralmente, a ação inovadora resulta de uma combinação de fatores, como uma situação de desagrado, uma ideia que oferece solução para um problema, ou a presença de um grupo mais flexível em relação a atitudes individuais. Para que a inovação se amplie socialmente, é necessário que novas concepções permeiem as várias esferas de estruturação da ação, incluindo novas legislações, estruturas escolares e discursos (teóricos ou de sensibilização) que atuem no contexto dos sujeitos. A mudança originada no indivíduo pode ser acolhida por um grupo ou organização, dando início a um processo coletivo de decisão para inovar na instituição.

Esse dinamismo resulta em um processo com tempos e atores diversificados. Novas legislações, estruturas escolares e discursos não são o ponto de partida, mas sim o resultado de processos preexistentes. Inicialmente, essas inovações muitas vezes se mostram subversivas ao sistema, até que este as incorpore e passe a estimulá-las. Diversos atores participam desse processo, como educadores, legisladores, gestores públicos, arquitetos, acadêmicos e jornalistas, compondo o campo dinâmico de desenvolvimento da ação social.

A decisão sobre a ação é sempre individual, mas ocorre em concomitância com as mudanças nas organizações e na sociedade. As transformações organizacionais e sociais são necessariamente o resultado de mudanças individuais, sendo influenciadas e combinadas por diversas esferas que culminam na ação social. Contudo, romper com as estruturas da ação não é uma tarefa simples; indivíduos e grupos precisam reinventar modos de fazer antes estabelecidos, que facilitavam a dinâmica coletiva. Por exemplo, uma professora que busca uma prática inovadora em uma escola tradicional enfrenta obstáculos diários que limitam sua ação. Em contrapartida, em um ambiente mais favorável, com arquitetura estimulante, famílias que compreendem outras abordagens educacionais e colegas que partilham experiências, a ação da professora se fortalece, ganhando mais possibilidades e podendo se tornar a prática daquela escola, inspirando outras. Portanto, para que existam práticas mais significativas, é fundamental iniciar com ações que também o sejam.

SABERES PARA PROMOVER INOVAÇÃO

Algumas contribuições de diversos setores podem nos ajudar a pensar sobre quais seriam os conhecimentos e as habilidades de pessoas que desenvolvem inovação. Trago a contribuição de alguns deles.

A Ashoka é uma organização global que apoia o empreendedorismo social. Dá o nome de *changemakers* (inovadores sociais) para as pessoas que apoiam e reconhecem como importantes para a transformação do mundo e decidiu começar a trabalhar com escolas transformadoras, para aumentar o número de pessoas com esse perfil no mundo. Por meio desse programa com as escolas, foram reconhecidas quatro competências a serem desenvolvidas: protagonismo, empatia, criatividade e colaboração, que podem ser bons pontos de partida para pensarmos em pessoas que querem gerar inovação educacional significativa. O protagonismo como a forma de se posicionar no mundo, uma pessoa com atitude que se coloca nas situações. A empatia como a forma de nos relacionarmos no mundo, para direcionar essa ação protagonista em prol de uma mudança social. A criatividade e a colaboração como as bases dos processos de inovação, uma por trazer concepções novas e a outra por viabilizar que essas concepções possam ser construídas e implementadas com todos e para todos. Uma das escolas que integra o projeto, sendo uma das organização-polo, é a Escola Estadual de Educação Profissional Alan Pinho Tabosa (Pentecoste/ CE), que atende estudantes de cinco municípios da região rural a partir da aprendizagem cooperativa e solidária. Ela é a primeira escola pública estadual com a metodologia Programa de Educação em Células Cooperativas (Prece), um programa baseado no estudo compartilhado entre estudantes e professores. Este projeto nasceu com um grupo de alunos que estudavam juntos e que conseguiram ingressar na universidade pública. O grupo de estudos foi crescendo, abrindo várias Escolas Populares Cooperativas, até que firmou uma parceria com a Universidade Federal do Ceará. Hoje o Prece, além de escola, também realiza atividades de contraturno para a comunidade e possui um projeto agroecológico para transformação social.

Um outro instituto que traz contribuições para novas perspectivas no mundo é o Presencing Institute, criadores da Teoria U. Essa teoria traz como um dos pontos importantes a qualidade de presença dos agentes de mudança por meio do ganho de consciência, da sensibilidade e intuição, para que tenham mente aberta, coração aberto e vontade aberta. São competências da ordem do sutil, muito mais difíceis de serem desenvolvidas. Algumas práticas contemplativas, como a meditação, auxiliam nesse processo, uma vez que trabalham com a compreensão do próprio funcionamento do cérebro e dos fluxos de pensamento, viabilizando que novas estruturas mentais se configurem, que sejam criados espaços para a compreensão, para a profundidade, para a manifestação de outras formas de entendimento do mundo que não exclusivamente mentais e racionais. Diante de cenários de incerteza e grandes mudanças, para alguém que conduz processos de inovação, a qualidade de presença pode ser um grande diferencial. Alguém que está atento à escuta de várias vozes e pontos de vista, que consegue antecipar ainda de forma sutil mudanças que estão se aproximando, que está em equilíbrio para enfrentar o desconhecido e que está com os dois pés naquilo que está fazendo para dar continuidade em meio a turbulências. Apesar de ser um processo de autodesenvolvimento, também podemos ver projetos que se baseiam nessa abordagem, como um programa de desenvolvimento de lideranças; como os cursos da Base Comunitária, ou de jovens; como o projeto contra a violência sexual de crianças e adolescentes liderado pelo Instituto Liberta, desenvolvido com 300 estudantes do ensino médio, que resultou em uma campanha de mobilização que chegou a 12 mil pessoas.

Dentre as várias competências socioemocionais de que agora se fala, uma delas pode se relacionar especialmente com pessoas que trabalham com inovação, o *mindset* de crescimento. Carol Dweck, titular da cátedra de Psicologia de Stanford, traz que nossos modelos mentais poderiam ser agrupados em dois grandes tipos: o *mindset* fixo e o de crescimento. O fixo entende que nascemos de uma forma e somos assim, que nossas características são fixas. Pessoas com esse modelo mental acham que existem grupos aptos ou não aptos para determinadas atividades, que eles conseguem ou não conseguem fazer determinadas coisas. Pessoas de *mindset* de crescimento entendem que todos estão em processo de aprendizagem, que podemos levar mais ou menos tempo para fazermos alguma coisa, mas temos as capacidades para isso. Olhar para o mundo a partir dessa abertura para que todos aprendam, para que novas práticas sejam realizadas, compreendendo que somos capazes de fazer de outras formas, é uma visão de mundo que dialoga diretamente com processos de inovação, que não cristalizam comportamentos, mas, sim, criam oportunidades e diálogo para o desenvolvimento de pessoas e projetos.

Em 2015, a ONU divulgou os 17 Objetivos para o Desenvolvimento Sustentável (ODSs). Observando o desafio de atingirmos esses objetivos até 2030, percebeu-se que para essas mudanças sistêmicas seria necessária uma transformação interna das lideranças globais, ampliando suas visões de sustentabilidade e responsabilidade social. Para isso, foram criados os Objetivos de Desenvolvimento Interno (IDGs, na sigla em inglês), estruturados em cinco dimensões:

- Ser (relacionamento consigo): integridade e autenticidade, abertura e mentalidade de aprendiz, autoconsciência, presença e bússola interna;
- Pensar (habilidades cognitivas): pensamento crítico, consciência da complexidade, olhar de perspectiva e fazer sentido;
- Relacionar-se (importar-se com o outro e com o mundo): apreciação, conexão, humanidade, empatia e compaixão;
- Colaborar (habilidades sociais): comunicação, cocriação, mentalidade inclusiva e competência intercultural, confiança;
- Agir (possibilitar mudanças): coragem, criatividade, otimismo e perseverança.

Durante a pandemia, coordenei conjuntamente com a educadora Mari Regina Anastacio a obra *Inteligência genuinamente humana*, buscando identificar quais seriam as competências que deveríamos desenvolver na era da IA. São nove competências que apresento a seguir:

- Aprender intencionalmente – aprendizagem autodirigida em situações pessoais e profissionais;
- Socioemocional – inteligência emocional, regulação emocional, criatividade emocional e habilidades sociais;
- Criativa – curiosidade, motivação e força de vontade para criar soluções;
- Colaborativa – capacidade comunicativa, compartilhamento de propósito e trabalho conjunto para estimular a inteligência coletiva;
- Contemplativa – consciência mais profunda sobre si (corpo, pensamento e emoções), compaixão e sabedoria;
- Cívico-digital – compreender, empregar e propor tecnologias digitais de forma criativa, crítica, segura, significativa, reflexiva, ética e consciente;
- Em diversidade cultural – desenvolver abertura para expandir o repertório de visões de mundo;
- Em futuros – pensamento sistêmico e alfabetização em futuros (habilidade de compreender como nossas percepções e expectativas sobre o futuro influenciam nas ações do presente, criando futuros mais desejáveis. A Unesco a considera uma competência essencial para o século XXI e tem uma cátedra dedicada a isso no Museu do Amanhã, localizado no Rio de Janeiro);
- Em design regenerativo – evolução do conceito de sustentabilidade, a partir da consciência de si, coletiva e ecossistêmica.

Em Curitiba, a Associação Gente de Bem desenvolveu um programa de formação para jovens em situação de vulnerabilidade a partir dessas referências com atividades de contraturno escolar, visando a formação integral e a transformação social.

Para agentes de inovação, acredito que todas elas trazem importante combinação de habilidades para operarmos em um mundo de mudanças e incertezas, servindo de referência para nossos processos de autodesenvolvimento para liderar e colaborar com transformações sistêmicas e prol de um mundo melhor.

Por fim, trago uma reflexão a partir dos pilares da educação do século XXI da Unesco: aprender a conhecer, aprender a fazer, aprender a ser, e aprender a viver juntos. Vejo aqui uma chave tanto para competências de educadores inovadores quanto para objetivos para educadores que queiram inovar. Em diálogo com o conceito de aprendizagem ao longo da vida, ir aprendendo sobre novos conceitos e novas formas de fazer, bem como descobrindo formas pelas quais se aprende para viabilizar essa constante atualização e compreensão do mundo, parece ser um pilar para viabilizar mudanças, especialmente em um universo ligado ao conhecimento e à ciência. Mas há uma dimensão do ser e conviver muito especial que traz uma responsabilidade ainda maior, pois a educação não se faz pela palavra, quem sustenta a palavra é uma pessoa dotada de uma visão de mundo, de um corpo, que traz uma representatividade, um lugar de fala. Os educadores transbordam quem são; conjuntamente com a transmissão de conhecimento, transmitimos uma série de valores e formas de ser no mundo. É por meio desse encontro de pessoas e de uma troca afetiva entre elas que acontece a transmissão cultural, ou seja, aprender a ser, reconhecer-se e ir trazendo consciência para as ações é tanto desafiador quanto potente. Permitir-se viver coisas novas, novas práticas e relações requer uma maleabilidade, uma dança consigo mesmo e com o mundo, um encontrar-se e desencontrar-se a partir do que emerge.

Ao mesmo tempo que esses pilares se vinculam à dimensão de quem inova, podem ser também a motivação para as ações inovadoras: buscar projetos que viabilizem aprendizagens, a convivência respeitosa e o desenvolvimento integral do ser, em sua totipotência.

Inovação é um movimento coletivo, mas que se inicia e se sustenta pela dimensão subjetiva. Sermos criadores de nós mesmos é um convite e uma provocação, um desafio que pode ser o meio ou a própria finalidade para uma vida significativa.

Minhas histórias de escola

Em uma das disciplinas do doutorado, conheci o professor Jorge Ramos do Ó, da Universidade de Lisboa. Suas ideias sobre Foucault me traziam muitas reflexões sobre minha tese, e me inscrevi para o doutorado sanduiche para fazer um semestre com ele em Portugal, aproveitando para fazer a pesquisa de campo nas escolas de Portugal, Espanha e Inglaterra, que influenciavam ou dialogavam com várias das experiências que eu pesquisava no Brasil.

Fui como bolsista da Capes e tive oportunidade de conhecer 19 escolas muito inspiradoras. Em Portugal, escolas Waldorf no sul do país, a Escola da Ponte e o Movimento da Escola Moderna. Na Espanha, a única escola oficialmente anarquista do mundo. E, na Inglaterra, de Summerhill – a escola democrática mais antiga com mais de 100 anos de funcionamento –, a Schumacher College, um internato com dois cursos de mestrado: Economia para Transição e Ciências Holísticas, com perspectivas teóricas não convencionais e professores de universidades de diferentes países para criar novos fundamentos para o desenvolvimento científico. Nessas instituições pude conversar com pessoas diferentes de mim, com variadas estruturas familiares, contextos culturais e visões de mundo.

Uma das coisas que mais me chamavam a atenção nos projetos era o fato de serem sempre apresentados pelos estudantes, que dominavam completamente o projeto pedagógico das instituições, mesmo crianças pequenas de 9, 10 anos apresentavam com desenvoltura. Era notória a maturidade não só para falar das escolas, mas da visão que eles mesmos tinham de educação, a perspectiva sobre provas, por exemplo. Tive uma conversa profunda com uma menina de 14 anos sobre planos futuros ao sair da escola que me deixou reflexiva sobre o papel da educação quanto a isso. Percebi que um dos diferenciais desses projetos é permitir que os alunos sejam quem são, que descubram sobre si a partir das propostas pedagógicas, há diversidade de sonhos e pretensões profissionais. Enquanto na minha turma do ensino médio mais de 75% dos alunos prestaram vestibular para Direito, Engenharia e Administração, os outros 25% para Arquitetura, Jornalismo, Marketing ou pequenas variações disso, os egressos dessas escolas têm trajetórias das mais diversas: bailarinos, políticos, pesquisadores, artistas, empreendedores, biólogos, professores. Vi uma escola que prepara a pessoa para ser uma multiplicidade de possibilidades, que a ajuda a desenvolver um programa de estudos alinhado a seus interesses, não só por meio de reflexões sobre projeto de vida, mas criando as bases curriculares para isso, diferentes trilhas de aprendizagem, estudos de aprofundamento, grupos de estudos e ateliês; em uma riqueza de experiências.

Sempre gostei de conhecer pessoas diferentes, sinto que é uma forma de expandir minha compreensão de mundo a partir dessas histórias, entender as possibilidades da vida. A primeira vez que senti essa vontade foi durante as férias de verão em que fui com minha família para um hotel. Eu tinha 11 anos e conheci um menino argentino que tinha 8, achei a sonoridade do espanhol tão incrível que queria brincar com ele todos os dias para ir aprendendo como ele falava as coisas, que ora eram parecidas ora eram tão diferentes. Hoje, quando ministro as aulas da disciplina de Educação Comparada: Práticas Educacionais no Brasil e no Mundo, me vem essa mesma sensação, descobrir que há tanta coisa que nos assemelha de qualquer país do mundo e tantas outras que nos diferenciam. Entendermo-nos nesse lugar singular de expressão única e simultaneamente coletiva foi um processo de muita elaboração para mim, e a disciplina do professor Ramos do Ó colaborou com isso. Em Portugal ele ministrava uma disciplina chamada Escrita Criativa e Inventiva para os cursos de pós-graduação em Educação e Artes – só de ter alunos das Artes na sala já fazia a disciplina mais interessante do que de costume, as reflexões que traziam sempre geravam um deslocamento em minhas percepções. Mas os livros também eram preciosidades. Éramos convidados a ler os capítulos em seus conteúdos, mas também em sua estética, buscando entender o porquê de o autor ter feito algumas escolhas de início, desenvolvimento e fim. Costumavam ser ensaios, um gênero acadêmico com mais liberdade de escrita e reflexões. A motivação dessa disciplina estava na perspectiva foucaultiana, que traz no conjunto de sua obra reflexões diretamente relacionadas ao que eu vi e vivi no contato com projetos inovadores. Existe um primeiro conjunto de textos de Foucault que investigam as instituições sociais e o controle dos seres humanos a partir disso. O texto mais emblemático seria *Vigiar e punir*, em que detalha como a estrutura das escolas tradicionais disciplinam os corpos e as mentes. Depois, Foucault começou a se aprofundar na compreensão de um outro tipo de poder, um mais sutil e discreto, que não se expressa na arquitetura ou nas leis, mas em micropoderes que estão em várias relações sociais, um, em especial, baseado em uma relação amável e próxima, um poder sutil, que ele nomeou de poder pastoral, que cuida, individualiza e ao mesmo tempo agrupa – uma relação que amavelmente conduz e modela as pessoas, seus comportamentos e pensamentos –, para chegar a uma triste conclusão de que há pouco de nós em nós mesmos. Nessa perspectiva, somos tão conformados por estruturas sociais que aquela partícula de distinção é quase difícil de ser reconhecida por nós. Até que o autor chega, então, ao conceito de "governo de si", relacionado ao de "cuidado de si", em que nos tornamos nossos próprios agentes de opressão, transformando toda nossa experiência de vida em um "projeto de vida", em que tudo que fazemos é para um objetivo estético, profissional, social, que desloca a atividade de seu prazer e finalidade próprias, para um meio racionalizado de se viver. Mas Foucault compreende que onde há poder, há também resistência. Que diante desse poder antes formal e externo, que se tornou suave e passou a ser cada vez mais internalizado, constituindo o próprio ser, definindo nossa subjetividade, ainda é possível que haja algo de autêntico, algo que preservamos para além dessa vasta trama de relações de poder.

Para Ramos do Ó, essa é uma das possibilidades da escrita, encontrarmos nossos próprios pensamentos, nos depararmos com nós mesmos; ao ganharmos distância pelo texto, aumentamos a intimidade com o que escrevemos, abrindo espaços para que surjam ideias e perspectivas que não existiam antes do momento em que nos sentamos para escrever, sendo esse um ato criativo não apenas produtivo, mas criativo por gerar, permitir que emerja o que nem o próprio autor sabia antes da experiência da escrita. A escrita é esse ato revolucionário de criação do próprio autor, que, ao criar-se entre as palavras, revela-se também ao leitor, abrindo espaço de comunhão entre histórias, ideias, visões de mundo. De modo tão respeitoso quanto eloquente, pois o autor não irá validar a compreensão do leitor sobre o texto, este é entregue para que aquele o abra na intensidade que lhe é possível naquele momento de sua vida, permitindo que dialoguem silenciosamente sobre aquelas experiências. Fica em segrego do leitor a vida que percorreu enquanto lia aquelas páginas. E o autor acolhe a todos eles, enquanto e quando os leitores quiserem.

Apresentar algumas histórias em primeira pessoa foi a tentativa de sair de uma esfera apenas técnica e trazer histórias reais e a dinâmica subjetiva desses processos. A primeira vez que escrevi minhas histórias com a escola foi durante a disciplina de Didática na Faculdade de Pedagogia, uma proposta do professor Jaime Cordeiro para ganharmos consciência sobre as experiências que nos constituíam como educadores. Depois, já como professora, percebi que meus alunos gostavam de ler e ouvir relatos de experiência, como se estabelecessem um vínculo e uma oportunidade de aproximação dos assuntos com abertura para diferentes recortes de análise, algo que conversa com o conteúdo trabalhado ao longo destas páginas. Inovar, para mim, tem relação com uma forma de estar no mundo, de não se conformar com o que é dado e querer entender os porquês e para que, abrir espaços para pensar e repensar, de olhar com abertura como se fosse a primeira vez e entender que a vida pode se manifestar de muitas formas, que, enquanto não for muito bom e belo para todos, é possível fazer de novo e de outro jeito até conseguirmos. Inovar é abrir possibilidades para outras existências em nós e nos outros. Por isso, essa ação deve vir acompanhada de consciência, de repertório e de diálogo. Espero que esses capítulos tenham sido bons momentos de reflexão e inspiração e que criem oportunidades internas e externas para relações educacionais – nas escolas e fora delas – mais significativas e transformadoras para estudantes, professores, gestores e famílias.

Referências e inspirações

ADICHIE, Chimamanda. *O perigo de uma história única*. São Paulo: Companhia das Letras, 2019.

ALVIM, Aline; FANTIN, Monica; ALVES, José. *Por uma educação transformadora*: ideias e práticas de Janusz Korczak. São Paulo: Contexto, 2024

ANASTACIO, Mari Regina. Paradigmas inovadores: novos desafios para a prática pedagógica do professor universitário. *Anais do X Congresso Nacional de Educação*, Curitiba: PUCPR, 2011.

________ et al. *Empreendedorismo social e inovação no contexto brasileiro*. Curitiba: PUCPRESS, 2018.

ANASTACIO, Mari Regina, GOUVÊA, Tathyana (orgs). *Inteligência genuinamente humana*: competências globais para a vida e o trabalho agora e no futuro. São Paulo: Nelpa, 2022.

ARENDT, Hannah. *Entre o passado e o futuro*. São Paulo: Perspectiva, 2000.

ASHOKA BRASIL. *Escolas transformadoras*. São Paulo, 2016. Disponível em: http://brasil.ashoka.org/escolas-transformadoras. Acesso em: 21 jan. 2016.

ASSOCIAÇÃO BRASILEIRA DE ESTUDOS E PESQUISA DA PEDAGOGIA FREINET. Nossa história. 2015. Disponível em: http://www.freinet.org.br/nossa-historia. Acesso em: 21 jan. 2016.

AZANHA, José Mário Pires. Cultura escolar brasileira: um programa de pesquisa. In: ______. *Educação:* temas polêmicos. São Paulo: Martins Fontes, 1995, p. 67-78.

______. *Experimentação educacional:* uma contribuição para sua análise. São Paulo: Edart, 1975.

BARROSO, João. O século da escola: do mito da reforma à reforma de um mito. In: TERRÉN, Eduardo; HAMELINE, Daniel; BARROSO, João. *O século da escola*: entre a utopia e a burocracia. Porto: ASA, 2001, p. 63-94.

BAUMAN, Zygmunt. *Modernidade líquida*. Rio de Janeiro: Zahar, 2001.

BOBBITT, John *The curriculum*. Boston: Houghton Mifflin Company, 1918. (edição em português: *O currículo*. Lisboa: Didática, 2004).

BOURDIEU, Pierre; PASSERON, Jean-Claude. *A reprodução:* elementos para uma teoria do sistema. Rio de Janeiro: Francisco Alves, 1975.

BOTO, Carlota (org.) *Cultura digital e educação*. São Paulo: Contexto, 2023

BRASIL. *Constituição da República Federativa do Brasil*. Brasília, DF, de 5 out. 1988.

______. *Lei nº 9.394, de 20 de dezembro de 1996.* Estabelece as diretrizes e bases da educação nacional. Brasília, DF, 1996.

______. *Resolução CNE/CP nº 2, de 22 de dezembro de 2017.* Institui e orienta a implantação da Base Nacional Comum Curricular.

______. Ministério da Educação. *Inovação e criatividade na educação básica*: a iniciativa: frentes de atuação. Brasília, DF, 27 ago. 2015a. Disponível em: http://criatividade.mec.gov.br/a-iniciativa. Acesso em: 16 nov. 2015.

BRIGGS, Asa; BURKE, Peter. *Uma história social da mídia*: de Gutenberg à internet. 2. ed. Rio de Janeiro: Zahar, 2006.

BUFFA, Ester; PINTO, Gelson. Colégios do século XVI: matriz pedagógico-espacial de nossas escolas. In: BENCOSTTA, Marcus (org.). *Culturas escolares, saberes e práticas educativas*: itinerários históricos. São Paulo: Cortez, 2007, p. 129-162.

BURKE, Peter. *Uma história social do conhecimento*: de Gutemberg a Diderot. Rio de Janeiro: Jorge Zahar, 2003.

CAMBI, Franco. *História da pedagogia*. Trad. Álvaro Lorencini. São Paulo: Fundação da Unesp, 1999.

CANÁRIO, Rui. *O que é a escola?* Um "olhar" sociológico. Porto: Porto, 2005.

CASA REDONDA. Sobre nós: imagens relacionadas. Disponível em: http://acasaredonda.com.br/pagina/25. Acesso em: 20 jan. 2016.

CENTRO DE REFERÊNCIAS EM EDUCAÇÃO INTEGRAL. Quem somos. 2015. Disponível em: http://educacaointegral.org.br/quem-somos/. Acesso em: 21 jan. 2016.

CENTRO DE INOVAÇÃO PARA EDUCAÇÃO BRASILEIRA (CIEB). Home. 2025. Disponível em: https://cieb.net.br. Acesso em: 2 ago. 2025.

COMENIUS. *Didática magna*. São Paulo: Martins Fontes, 1997.

CONSANI, Marciel. *Educomunicação*: o que é e como fazer. São Paulo: Contexto, 2024.

COSTA, Marcelo. Princípios libertários e educação no Brasil: A Escola Moderna de São Paulo (1912-1940). *Anais da X Jornada do HISTEDBR*. – EUSB, 2011. Disponível em: http://www.histedbr.fe.unicamp.br/acer_histedbr/jornada/jornada10/trabalhos.html. Acesso em: 01 dez. 2018.

CRE. *Aprendizagem dialógica*. São Paulo: Instituto Natura, s/d. Disponível em: https://www.comunidadedeaprendizagem.com/uploads/materials/3/bbea4bd30043291443O8d8efcc1c8061.pdf. Acesso em: 01 dez. 2018.

DEWEY, John. *Democracia e educação*. 3. ed. São Paulo: Cia Ed. Nacional, 1959

DIB, Caio. *Caindo no Brasil*: uma viagem pela diversidade da educação. São Paulo: Ed. do Autor, 2014.

DWECK, Carol. *Mindset*: a nova psicologia do sucesso. São Paulo: Objetiva, 2017.

ELIAS, Norbert. *Sobre o tempo*. Rio de Janeiro: Jorge Zahar, 1998.

ENGUITA, Mariano. Centros, redes, proyectos. In: ENGUITA, Mariano; TERRÉN, Eduardo (coord.). *Repensando la organización escolar*: crisis de legitimidad y nuevos desarrollos. Madrid: Universidad Internacional de Andalucia e Akal, 2008, p. 23-39.

ESCOLANO, Agustín. La invención del tiempo escolar. In: FERNANDES, Rogério; MIGNOT, Ana (org.). *O tempo na escola*. Porto: Profedições, 2008, p. 34-53.

FABLEARN. Home. Disponível em: https://fablearn.org. Acesso em: 2 ago. 2025.

FAGUNDES, Lea. *Tecnologias e as mudanças no papel de professores e alunos*. Palestra na World Education Conferences. São Paulo, 19 mar. 2014. Disponível em: https://www.youtube.com/watch?v=ZdvvuyItU6s. Acesso em: 16 fev. 2016.

FARIA, Ana Beatriz. Por outras referências no diálogo arquitetura e educação: na pesquisa, no ensino e na produção de espaços educativos escolares e urbanos. *Em Aberto*, Brasília, DF, v. 25, n. 88, p. 99-111, jul./dez. 2012.

FEDERAÇÃO DAS ESCOLAS WALDORF NO BRASIL. Missão e objetivos. São Paulo, 2016. Disponível em: http://www.federacaoescolaswaldorf.org.br/Missao-Objetivos.php. Acesso em: 16 fev. 2016.

FLORESTA, Leila. *Escola dos acampamentos do MST:* uma pedagogia para a revolução? Campinas, 2006. Tese (Doutorado em Educação) – Faculdade de Educação, Universidade Estadual de Campinas, 2006.

FOUCAULT, Michel. *Microfísica do poder*. 25. ed. São Paulo: Graal, 2012.

______. O sujeito e o poder. In: DREYFUS, Hubert; RABINOW, Paul. *Michel Foucault, uma trajetória filosófica.* Rio de Janeiro: Forense Universitária, 1995, p. 231-249.

______. *Vigiar e punir:* nascimento da prisão. Petrópolis: Vozes, 1987.

FREINET, Célestin. *Para uma escola do povo:* guia prático para a organização material, técnica e pedagógica da escola popular. Lisboa: Presença, 1973.

FREIRE, Paulo. *Pedagogia da autonomia:* saberes necessários à prática educativa. São Paulo: Paz e Terra, 1996.

FURTER, Pierre. *Educação e vida*. 4. ed. Petrópolis: Vozes, 1972.

GALLEGO, Rita. A configuração temporal e as inovações nos modos de ensinar e aprender nas escolas públicas primárias no estado de São Paulo (1850-1890). In: PERANDONES, Pablo Celada (Ed.). *Arte y oficio de enseñar:* dos siglos de perspectiva histórica. El Burgo de Osma: Sociedad Española de Historia de la Educación/Universidad de Valladolid/Centro Internacional de la Cultura Escolar, 2011. p. 117-125.

GHANEM, Elie. Inovação educacional em pequeno município: o caso Fundação Casa Grande (Nova Olinda, CE, Brasil). *Educação em Revista*, Belo Horizonte, v. 28, n. 3, p. 103-124, set. 2012.

______. *Levantamento sobre avaliação em organizações educativas*. São Paulo: Escolas 2030, 2022.

GIMENO SACRISTÁN, José. *Poderes instáveis em educação*. Porto Alegre: Artes Médicas Sul, 1999.

GIMENO SACRISTÁN, José; PÉREZ GÓMEZ, Ángel. *Compreender e transformar o ensino*. 4. ed. Porto Alegre: Artmed, 1998.

GOUVÊA, Tathyana. *Diretor em ação:* entre a burocracia e o cotidiano da escola. São Paulo, 2010. Dissertação (Mestrado em Educação) – Programa de Estudos Pós-Graduados em Educação: História, Política, Sociedade, Pontifícia Universidade Católica de São Paulo, 2010.

______. *O movimento brasileiro de renovação educacional no início do século XXI*. São Paulo, 2016. Tese (Doutorado) – Faculdade de Educação-USP, 2016.

______. Entre brechas, ousadias, resistência e ciência: uma possível história das alternativas educacionais. *Revista Scheme*, Unesp, 2019

GRAVATÁ, André et al. *Volta ao mundo em 13 escolas:* sinais do futuro no presente. São Paulo: Fundação Telefônica, 2013.

GREIER, Philippe. GOUVÊA, Tathyana. *Edushifts:* o futuro da educação é agora! Kiev: Presente, 2019.

HAMILTON. David. O revivescimento da aprendizagem. *Educação & Sociedade*, Campinas, ano XXIII, n. 78, p. 187-198, abr. 2002.

HAN, Byung-Chul. *Sociedade do cansaço*. Petrópolis: Vozes, 2015.

HOOKS, bell. *Ensinando a transgredir*: a educação como prática da liberdade. São Paulo: Martins Fontes, 2024.

ILLICH, Yvan. *Sociedade sem escolas*. 7. ed. Petrópolis: Vozes, 1985.

INNOVEEDU. Sobre. São Paulo, 2015. Disponível em: http://innoveedu.org/sobre. Acesso em: 25 fev. 2016.

INSTITUTO ALANA. Prêmio Cidade da Criança. São Paulo, 2016. Disponível em: http://alana.org.br/project/premio-cidade-da-crianca. Acesso em: 17 fev. 2016.

INNER DEVELOPMENT GOALS (IDG). *Framework*. IDG, 2025. Disponível em: https://innerdevelopmentgoals.org/about/

KORCZAK, Janusz. *Quando eu voltar a ser criança*. 4 ed. São Paulo: Summus, 1998.

KOWALTOWSKI, Doris. *Arquitetura escolar:* o projeto do ambiente de ensino. São Paulo: Oficina de Texto, 2011.

KRENAK, Ailton. *A vida não é útil*. São Paulo: Companhia das Letras, 2020.

LA SALLE, Juan Bautista de. *Guia de las escuelas dividida em três partes*. Madrid: Biblioteca Nueva, 2012.

LARROSA, J. Tremores: escritos sobre experiência. Trad. Cristina Antunes, João Wanderley Geraldi. 1ª ed. 4. reimp. Belo Horizonte: Autêntica, 2019.

LIBÂNEO. José Carlos. Tendências pedagógicas na prática escolar. *Revista da Ande*, n. 06, p. 11-19, 1982.

LOVATO, Antonio; GOUVÊA, Tathyana. *Educação de alma brasileira*. São Paulo: Fundação SM, 2017.

PELA EDUCAÇÃO. *III Manifesto pela educação*: mudar a escola, melhorar a educação: transformar um país. 2013a. Disponível em: http://manifestopelaeducacao.blogspot.com.br/. Acesso em: 19 fev. 2016.

MONTOYA, Adrian. Pedagogía del diálogo y de la autonomia: bases sociológicas y psicológicas. In: HIDALGO, Susana, *Ensayos Construtivistas*. Lima: PUC Perú, 2016.

MOVIMENTO DOS TRABALHADORES RURAIS SEM TERRA. Educação. 2015. Disponível em: http://www.mst.org.br/educacao/. Acesso em: 17 fev. 2016.

NOHRIA, Nitin. Is a Network Perspective a Useful Way of Studying Organization? In: NOHRIA, Nitin; ECCLES, Robert G. *Networks and Organizations*. Boston: Harvard Business School, 1992, p. 1-22.

NÓVOA, António. Educação 2021: para uma história do futuro. *Revista Iberoamericana de Educação*, Buenos Aires, n. 49, p. 181-199, 2009.

______. Para uma análise das instituições escolares. In: NÓVOA, António (org.). *As organizações escolares em análise*. Lisboa: Dom Quixote: IIE, 1995, p. 15-43.

______; MARCELINO, Francisco; RAMOS DO Ó, Jorge (org.). *Sérgio Niza:* escritos sobre educação. 2. ed. Lisboa: Tinta da China, 2015.

NUNES, Greice. *Tempo, espaço e currículo na educação integral*: estudo de caso em uma escola do Guará – Distrito Federal. Brasília, DF, 2011. Dissertação (Mestrado em Educação) – Faculdade de Educação, Universidade de Brasília, 2012.

Ó, Jorge Ramos do. *Fazer a mão*: por uma escrita inventiva na universidade. Lisboa: Saguao, 2019.

ORGANIZAÇÃO MONTESSORI DO BRASIL. *Origem*. 2015b. Disponível em: http://omb.org.br/omb/institucional. Acesso em: 21 jan. 2016.

ORGANISATION FOR ECONOMIC CO-OPERATION AND DEVELOPMENT. *What Schools for the Future?* Washington, DC: OECD, 2001.

PAIER, Simone. *Da quebra das paredes à construção de uma nova escola*. São Paulo, 2009. Dissertação (Mestrado em Educação) – Faculdade de Educação, Universidade de São Paulo, 2009.

PASCAL, Maria Aparecida Macedo. A pedagogia libertária: um resgate histórico. *I Congresso Internacional de Pedagogia Social,* 2006, Disponível em: http://www.proceedings.scielo.br/scielo.php?script=sci_arttext&pid=MSC0000000092006000100032&lng=en&nrm=abn. Acesso em: 06 dez. 2018.

PAPERT, Seymoy. *Logo*: computadores e educação. São Paulo: Brasiliense, 1985.

PARO, Vitor. *Crítica da estrutura da escola*. São Paulo: Cortez, 2011.

PLATÃO. *O mito da caverna*. São Paulo: Edipro, 2015.

PENEIREIRO, Fabiana. *Educação na contemporaneidade*: nutrindo-se com a experiência da Escola da Floresta, Acre - Brasil. Brasília, DF, 2013. Tese (Doutorado em Educação) – Faculdade de Educação, Universidade de Brasília, 2013.

PETITAT, André. *Produção da escola/produção da sociedade:* análise socio-histórica de alguns momentos decisivos da evolução escolar no ocidente. Porto Alegre: Artes Médicas, 1994.

PIAGET, Jean. *A epistemologia genética*. São Paulo: Abril Cultural, 1983

PORTER, Michael E.; RIVKIN, Jan W. *Industry Transformation*. Boston, MA: Harvard Business School, 2000.

PORVIR. Sobre nós. São Paulo, 2016. Disponível em: http://porvir.org/sobre-nos/. Acesso em: 21 jan. 2016.

PROFISSÃO DOCENTE. Home. São Paulo, 2025. Disponível em: https://www.profissaodocente.org.br. Acesso em: 2 ago. 2025.

PROJETO ZERO. *Rotinas de pensamento*. Disponível em: PZ's Thinking Routines Toolbox | Project Zero. Disponível em: https://pz.harvard.edu/thinking-routines. Acesso em: 13 maio 2025.

REDE BRASILEIRA DE APRENDIZAGEM CRIATIVA. Home. Disponível em: https://aprendizagemcriativa.org. Acesso em: 13 ju. 2025.

REDE NACIONAL DE EDUCAÇÃO DEMOCRÁTICA. Grupo público [do Facebook]. 2015. Disponível em: https://www.facebook.com/groups/redenacionaldeeducacaodemocratica/. Acesso em: 21 jan. 2016. Acesso em: 2 ago. 2025.

REEVO. *Mapeamento coletivo de educação alternativa*. 2015. Disponível em: http://map.reevo.org/?l=pt_PT. Acesso em: 2 jan. 2016.

RIBEIRO, Maria Luisa. O colégio vocacional "Oswaldo Aranha" de São Paulo. In: GARCIA, Walter. *Inovação educacional no Brasil:* problemas e perspectivas. São Paulo: Cortez; Autores Associados, 1980, p. 132-149.

SANTAELLA, Lucia. *Neo-humano*: a sétima revolução cognitiva do *Sapiens* São Paulo: Paulus, 2022.

SANTA ROSA, Cláudia. *Fazer a ponte para a escola de todos (as).* Natal, 2008. Tese (Doutorado em Educação) – Programa de Pós-Graduação em Educação, Universidade Federal do Rio Grande do Norte, 2008

SANTOS, Antônio Bispo dos. *A terra dá, a terra quer*. São Paulo: Ubu, 2023.

SANTOS, Milton. *Metamorfose do espaço habitado*: fundamentos teóricos e metodológicos da geografia. São Paulo: Edusp, 2008.

SAVIANI, Dermeval. A filosofia da educação e o problema da inovação em educação. In: GARCIA, Walter. *Inovação educacional no Brasil*: problemas e perspectivas. São Paulo: Cortez: Autores Associados, 1980, p. 15-29.

SCHARMER, Otto. *Teoria U*: como liderar pela percepção e realização do futuro emergente. Rio de Janeiro: Altas Book, 2019.

SENGE, Peter. *Escolas que aprendem*. Porto Alegra: Artmed, 2005.

SILVA, Vicente de Paulo Borges Virgolino da. *A formação de valores cooperativos e as transformações nas práticas educativas:* um estudo de caso de educandos da Licenciatura em Educação do Campo da UnB, no assentamento Itaúna – GO. Brasília, DF, 2012. Tese (Doutorado em Educação) – Faculdade de Educação, Universidade de Brasília, 2012.

SINGER, Helena. *República de crianças:* sobre experiências escolares de resistência. ed. rev., atual. e ampl. Campinas: Mercado de Letras, 2010.

SOUZA, Rosa Fátima. Gramática espacial e a construção da identidade sociocultural da escola primária. In: SOUZA, Rosa Fátima. *Templos de civilização*: a implantação da escola primária graduada no estado de São Paulo (1890-1910). São Paulo: Edunesp, 1998, p. 121-156.

______. História da cultura material escolar: um balanço inicial. In: BENCOSTA, Marcus (org.). *Culturas escolares, saberes e práticas educativas*: itinerário histórico. São Paulo: Cortez, 2007, p. 163-189.

TADEU, Tomaz. *Documentos de identidade*: uma introdução às teorias do currículo. 3. ed. Belo Horizonte: Autêntica, 2013.

UNESCO. *Os sete saberes necessários à educação do futuro*. Por Edgar Morin. 11. ed. São Paulo: Cortez; Brasília, DF: Unesco, 2006.

______. Comissão Internacional Sobre a Educação Para o Século XXI. *Educação:* um tesouro a descobrir. 1996. Presidida por Jacques Delors. Brasília, DF: Unesco Brasil, jul. 2010.

______. Comissão Internacional Sobre O Futuro Da Educação. *Reimaginar nossos futuros juntos:* um novo contrato social para a educação. Presidida por Antonio Nóvoa. Unesco, 2022.

VIDAL, Diana. 80 anos do Manifesto dos Pioneiros da Educação Nova: questões para debate. *Educação e Pesquisa*, São Paulo, v. 39, n. 3, p. 577-588, jun./set. 2013.

______. *Culturas escolares:* estudo sobre práticas de leitura e escrita na escola pública primária (Brasil e França, final do século XIX). Campinas: Autores Associados, 2005.

______. Escola Nova e processos educativos. In: LOPES, Eliane; FARIA FILHO, Luciano; VEIGA, Cynthia. *500 anos de educação no Brasil.* 3. ed. Belo Horizonte: Autêntica, 2007, p. 497-517.

VIÑAO FRAGO, Antonio; ESCOLANO, Agustín. *Currículo, espaço e subjetividade*: a arquitetura como programa. Rio de Janeiro: DP&A, 2001.

VINCENT, Guy; LAHIRE, Bernard; THIN, Daniel. Sobre a história e a teoria da forma escolar. *Educação em Revista*, Belo Horizonte, n. 33, p. 7-47, jun. 2001.

VIVENDO E APRENDENDO. *Galeria de fotos*. Brasília, DF, 2014. Disponível em: http://vivendoeaprendendo.org.br/galeria-de-fotos/. Acesso em: 20 jan. 2016.

VOCACIONAL: uma aventura humana. Direção Toni Venturi. São Paulo: Olhar Imaginário: Mamute Filme, 2011. 1 DVD, 77 min.

VYGOTSKY, Lev S. *Pensamento e linguagem*. São Paulo: Martins Fontes, 1989.

WARDE, Mirian Jorge. O Colégio de Aplicação da Universidade de São Paulo. In: GARCIA, Walter. *Inovação educacional no Brasil:* problemas e perspectivas. São Paulo: Cortez; Autores Associados, 1980, p. 101-131.

______. O manifesto de 32: reconstrução educacional no Brasil. *Revista Ande*, São Paulo, ano 1, n. 5, p. 8-10, 1982.

______; RIBEIRO, Maria Luísa. O contexto histórico da inovação educacional no Brasil. In: GARCIA, Walter. *Inovação educacional no Brasil:* problemas e perspectivas. São Paulo: Cortez; Autores Associados, 1980, p. 195-204.

WEBER, Max. *Ensaio de sociologia*. 5. ed. Rio de Janeiro: LTC, 2002.

______. Os fundamentos da organização burocrática: uma construção do tipo ideal. In: CAMPOS, Edmundo (Org.). *Sociologia da burocracia*. 4. ed. Rio de Janeiro: Zahar, 1978, p. 15-28.

______. *Fundamentos da sociologia*. 2. ed. Porto: Rês, 1983.

WOLF, Maryanne. *O cérebro no mundo digital*: os desafios da leitura na nossa era. São Paulo: Contexto, 2019.

Agradecimentos

Começo agradecendo a todas as referências e indicações citadas, cada autor que li e me constituiu. Como Bourdieu diz "sobre os ombros de gigantes", partir de grandes autores nos ajuda a ver de longe.

Agradeço a todas as pessoas que menciono em minhas histórias de escola, meus professores, os colegas de projetos e meus alunos, pois me ajudaram a ver de perto.

Cada capítulo deste livro foi lido e comentado por um aluno da Pedagogia, a quem agradeço muito pela dedicação e pelo carinho: Fernanda Feijó, Flávia Neves, Hormando Velasco, Luísa Di Domenico, Mariana Siqueira, Martha Bevilacqua, Nicolle Squillante, Rosa Clara Bezerra Alves e Sissy Eiko Konno Takahashi.

Agradeço também a Mari Regina Anastacio, pelas contribuições ao texto, e a Fausto Uehara, pelas reflexões e apoio durante o processo de escrita desta obra.

À minha família, em especial meu pai e minha mãe, a quem sou muito grata por estarem sempre ao meu lado.

E à Editora Contexto, por intermédio da Luciana, a quem agradeço o convite tão especial de fazer minha primeira publicação individual.

A autora

Tathyana Gouvêa da Silva é doutora em inovação educacional pela Faculdade de Educação da USP, mestre em gestão escolar pelo Programa de Educação: História, Política e Sociedade da PUC-SP, pedagoga pela USP e administradora pela FGV. Desenvolveu seu pós-doutorado sobre Educação na era da IA junto ao Instituto de Estudos Avançados da USP, onde continua como pesquisadora colaboradora. Foi coordenadora da graduação, da pós-graduação e do laboratório de inovação do Instituto Singularidades, onde segue atuando como professora de Planejamento e Currículo e de Educação Comparada: práticas educacionais no Brasil e no mundo. Orientou mais de cem trabalhos de conclusão de curso, participa de bancas de mestrado e doutorado e é coautora e organizadora de diversos livros na área de educação. Liderou projetos de formação de professores para Secretarias de Educação e participou de redesenhos curriculares na educação básica e no ensino superior. É assessora pedagógica de fundações e escolas, consultora e palestrante em gestão, currículo, inteligência artificial e inovação.

GRÁFICA PAYM
Tel. [11] 4392-3344
paym@graficapaym.com.br